T0115143

¡Cierre las brechas!

¡Cierre las brechas!

brechas!

Diríjase a un desempeño más alto y ¡consígalo!

KEN BLANCHARD

HarperCollins *Español*

© 2017 por Blanchard Family Partnerships, Dana Robinson y Jim Robinson
Publicado por HarperCollins Español® en,
Estados Unidos de América.

Título en inglés: *Zap the Gaps*
© 2002 por the Blanchard Family Partnership, Dana Robinson y Jim Robinson

El diagrama que aparece en las páginas 21 y 32, © 1995 por Partners in Change, Inc.
El gráfico que aparece en la página 72, © 2000 por Partners in Change, Inc.

Editora en Jefe: *Graciela Lelli*
Traducción: *Belmonte Traductores*
Adaptación del diseño al español: *Grupo Nivel Uno, Inc.*

ISBN: 978-0-7180-8709-8

Impreso en Estados Unidos de América
18 19 20 21 DCI 6 5 4 3

*Para los lectores en cualquier tipo de organización
que están comprometidos a cerrar lo que «es»
para alcanzar lo que «debería ser».*

CONTENIDO

PRÓLOGO

*H*ay momentos mágicos en cada una de nuestras vidas. Para mí, entre ellos están: mi hija de seis años cuando corre hacia mí con los brazos abiertos de par en par, con gritos de alegría que dicen: «¡Papi! ¡Papi!»; sentarme tranquilamente con mi esposa viendo a los patos nadar en el pantano; escuchar el «Himno de la alegría» de Beethoven; ver a mi hijo, hecho todo un hombre, cruzar por la plataforma y recibir su licenciatura en leyes. Todos esos momentos, y muchos más, son perfectos. Perfectos porque no hay brecha entre lo que es y lo que debería ser.

Pero la historia real de nuestra vida como padre, cónyuge, jefe o empleado a menudo gira en torno a nuestro intento de cerrar las brechas que percibimos que existen entre el lugar donde estamos y el lugar donde creemos que deberíamos estar.

Ahora, imagínese un lugar de trabajo donde la realidad de lo que hacen los empleados cada día fuera exactamente igual a lo que deberían estar haciendo, sin brechas que cerrar. Una idea emocionante, ¿no cree? Sin embargo, con demasiada frecuencia la realidad es precisamente lo opuesto. Las brechas abundan.

Este es exactamente el desafío que mi amigo Ken Blanchard y sus colegas Dana y Jim Robinson abordan en este libro. A través de una historia sencilla, muestran cómo dos directores que se vieron ante una situación laboral difícil descubren cómo cavar hasta el verdadero meollo del problema existente en el departamento, y después cómo siguieron un plan paso a paso para cerrar las brechas. El proceso que aprendemos con ellos es uno que funcionará tanto para una oficina con una sola persona como para una gran organización.

Y hablando de organizaciones, una de las partes más agradables y reveladoras del libro deja claro que cerrar las brechas no depende del apoyo de la dirección superior. Se puede lograr incluso bajo las circunstancias más difíciles.

Si cree que tiene problemas con un jefe riguroso y orientado a las cifras, espere a conocer a Angela B. Krafft. En Angie, los autores han creado el arquetipo del jefe orientado a los resultados.

El problema que tienen que resolver los héroes del libro, Bill y Sara, se complica aún más porque sencillamente no hay un cubo de dinero para lanzarlo sobre ello y solucionarlo. Ellos tienen que confiar en su propia ingenuidad, y algún apoyo gustosamente recibido de la fuente más improbable, para poder hacer las cosas. Un mensaje muy importante de este libro es que corregir problemas, cerrar las brechas, es responsabilidad *de usted*. La falta de apoyo, *coaching* o dinero no es excusa para no poder obtener un buen rendimiento.

La estrategia y el sistema que descubrirá para cerrar las brechas en su vida son excelentes, al igual que lo es el mensaje que es responsabilidad suya hacerlo, independientemente de si trabaja o no para una «Angie».

Hay un tercer tema importante en *¡Cierre las brechas!* que viene con un agradable descubrimiento al final del libro que no estropearé contándolo ahora. Pero no se pierda ese mensaje. El éxito no se trata de saber qué hacer. ¡Éxito es hacerlo! Todo el conocimiento del mundo acerca de cerrar las brechas, incluso tener un acceso perfecto a mentores perfectos, no vale para nada a menos que usted haga algo al respecto.

Ken Blanchard es famoso tanto por su perspicacia en asuntos de gestión y organización como por su habilidad para comunicar soluciones de maneras que otros pueden entender y poner en práctica. Creo que es seguro decir que sus escritos han tenido una influencia mayor que la de cualquier otra persona en la forma en que las organizaciones exitosas son realmente dirigidas.

Me siento afortunado y honrado por haber tenido la oportunidad de ayudar a veces a Ken en su trabajo. Es un placer especial dar ahora la bienvenida a Dana y Jim Robinson al círculo de aquellos que han tenido el privilegio de poder incluir la frase «coautor con Ken Blanchard» en sus biografías profesionales.

—*Sheldon Bowles*

PREFACIO

*L*as BRECHAS cuestan miles de millones a las organizaciones cada año. Cuando las personas no trabajan al máximo, todo el mundo pierde: el cliente, la organización, el empleado. Ninguna organización puede ignorar las BRECHAS y aun así sobrevivir. Este libro habla sobre identificar las BRECHAS y sus causas. Habla acerca de apuntar a esos factores que provocan BRECHAS y corregirlos sin querer llegar rápidamente a soluciones. El objetivo es cerrar las BRECHAS de una forma sistemática para que finalmente se produzca un impacto positivo sobre todos los accionistas.

El entorno que escogemos para nuestra historia es el de un centro de llamadas de un gran fabricante/distribuidor de *hardware* y *software*. Los resultados operativos de un centro de llamadas dependen mucho del desempeño de sus empleados. Los representantes del Servicio al Cliente, o RSC, son los responsables de dar apoyo a los clientes que llaman pidiendo ayuda. Los mejores RSC son capaces de manejar llamadas de manera rápida y eficaz y resolver el problema del cliente en la primera llamada. Pero hay otros RSC que manejan las llamadas con menos eficacia, y las subsiguientes llamadas para retomar los problemas pueden atascar gravemente los sistemas por encima de su capacidad.

Ese es precisamente el problema que afronta nuestro personaje principal en esta historia. Pero aunque el entorno es su centro de llamadas, las soluciones que descubre —y, más importante aún, el proceso que sigue para descubrirlas—, son aplicables a organizaciones de cualquier tamaño. Incluso un único propietario sin empleados se puede beneficiar de la estrategia de las BRECHAS.

A primera vista, las BRECHAS podrían parecer una idea sencilla, una «fórmula estándar» que se puede aprender fácilmente mientras el lector pasa las páginas de este libro. En realidad, no obstante, es una estrategia que los gerentes que buscan el éxito continuado para su organización tendrán que aplicar regularmente. Pensamos que las BRECHAS son una especie de ley que es casi tan sólida e inmutable como la ley de la gravedad. Claro, podemos violarla, pero tendríamos que estar en algún lugar de la estratosfera para hacerlo, y quizá nunca podríamos regresar a la tierra.

Las BRECHAS deberían revelarse en su lugar de trabajo en el momento en que termine de leer la última página de este libro. No tiene usted nada que perder y mucho que ganar al implementar estos conceptos de inmediato.

No solo ganará usted, sino también sus clientes, su organización y sus empleados.

¡Disfrute cerrando esas BRECHAS!

—*Ken Blanchard*
Dana Robinson
Jim Robinson

RECONOCIMIENTOS

A *Ken* le gustaría reconocer la participación y el apoyo de varias personas:

Dana Robinson y **Jim Robinson**, mis coautores, que han mejorado la viabilidad y rentabilidad de muchos de sus clientes mediante la aplicación de la estrategia de las BRECHAS en áreas de desempeño humano. Su trabajo intensivo en las trincheras sirvió de inspiración para este libro.

Mi esposa, **Marjorie Blanchard**, que ha identificado gustosamente algunas de mis BRECHAS y me ha fortalecido como individuo como resultado de ello.

Mi hijo, **Scott**, mi hija, **Debbie**, su esposo, **Humberto,** y mis nietos **Kurtis** y **Kyle**, que me recuerdan que, aunque la empresa sea muy importante, las buenas relaciones son lo más importante.

Steve Gottry, un amigo y socio colaborador que presta su entusiasmo y creatividad a muchos de mis proyectos.

Dottie Hamilt, cuya increíble habilidad para llevar a cabo múltiples proyectos y agendas a la vez (y controlarlas todas) me ayuda de maneras incontables.

Margret McBride, mi agente literaria de siempre a quien tengo el placer de llamar amiga, por su ayuda a la hora de guiar otro concepto y convertirlo en una obra publicada.

¡Gracias a todos!

☙

A los Robinson les gustaría dar su agradecimiento a las siguientes personas:

A **Ken Blanchard**, por ser pionero de un género literario conocido como «fábula empresarial» como forma de proporcionar ideas importantes de una manera divertida y fácil de leer, y por guiarnos por el proceso de desarrollo de este libro.

A **Steve Gottry**, por crear personajes y entornos que dan vida a nuestros principios. Este libro representa uno de los ejemplos más destacados de sinergia en el que hemos tenido el privilegio de participar. Desde la primera «reunión en la mesa de la cocina» en la que estábamos Ken, Steve y nosotros dos, hasta el manuscrito final, este ha sido verdaderamente un esfuerzo de colaboración conjunta.

Apreciamos a nuestros muchos **clientes,** de los que seguimos aprendiendo nuestro proceso de cierre de brechas. Nuestras técnicas se han afilado mediante las experiencias de trabajo que compartimos, y hemos tenido el privilegio de colaborar con cada uno de ellos.

Hay muchas personas que nos han dado una información profunda acerca de los centros de llamadas y cómo operan. En particular, nos gustaría reconocer a **Sheila Harrell, Shari Koonce** y **Susan R. Schwartz.**

Y sin el apoyo de nuestro equipo de dedicados empleados, **Karen Brewer, Lori Calhoun, Heather Rudar, Andrea Toth** y **Linda Venturella,** no hubiéramos sido capaces de apartar tiempo de la oficina para trabajar en este libro. Su competencia nos dio la confianza tan necesaria para que pudiéramos dedicar nuestra atención a este proyecto.

☙

Varias personas dedicaron tiempo a revisar el manuscrito y hacernos comentarios y sugerencias sobre cómo mejorarlo. Entre ellos están: Erica Aranha, Pamela Benoit, Leslie Bussard, Paul Butler, Dale Cansler, Tammy Cansler, Richard Chang, Calla Crafts, Tamar Elkeles, Deidre Emery, Cindy L. Gage, Lael Good, Terri Hendricks, Christopher M. Iles, Kimberly Kleber, Bob Leininger, Sheila K. Loeffler, Lynn Marrable, Mary Morand, Holly Mortlock, Carman Nemecek, Jay W. Richey, Marilyn Richey, Linda Robinson, Jim

Roderick, Lynn Rynbrandt, David Schwartz, Susan R. Schwartz, Nancy Scott, Janice Simmons, Lea M. Toppino, Kurt C. Treu, Craig Wilson, Mike Woerner, George Wolfe, y Deborah Zeilinger.

⊙

*H*ay otras personas entre bastidores cuya contribución también merece un reconocimiento:

Don Flavell, superintendente de golf en Dobson Ranch y Riverview Golf Courses, Mesa, Arizona, por darnos una información de fondo tan importante sobre el mantenimiento de los campos de golf y cómo se cierran brechas en esta esfera.

Nos sentimos en deuda con el maravilloso equipo de **William Morrow**, uno de los sellos editoriales de HarperCollins Publishers. Nuestro viejo amigo, **Larry Hughes**, que ahora está jubilado, captó la visión de este proyecto desde su inicio. **Michael Morrison**, editor en William Morrow, ha provisto un apoyo constante, al igual que **Joe Veltre**, exeditor en jefe que trabajó con Larry en el libro en su etapa inicial, y **Sara Beam**, nuestra ayudante editorial siempre alegre y siempre útil. En la parte de la producción, **Kim Lewis**, editora en jefe, desarrolló y supervisó la programación del libro; **Shannon Ceci**, editora de producción, coordinó toda la revisión; **Betty Lew**, directora de diseño, creó el diseño de interior y **Richard Aquan**, director en jefe de arte, diseñó la portada. El equipo de mercadotecnia lo componen **Carrie Kania**, directora de mercadotecnia, y **Libby Jordan**, vicepresidente y editora asociada de William Morrow. **Kristen Green**, gerente de publicidad, trabaja como nuestra publicista muy capaz en William Morrow.

*E*ntre los revisores/ayudantes de producción previa, están: **Dave Gjerness, Linda Purdy, James Gottry** y **Elisa Scinto**.

¡Cierre las brechas!

INTRODUCCIÓN

*E*l hombre estudió los árboles con una expresión de perplejidad en su rostro.

Había dos: palmeras mexicanas frondosas. Él sabía que habían sido plantadas exactamente en el mismo lugar el mismo día. Tenían exactamente la misma edad, la misma altura y la misma forma cuando las transportaron desde el vivero y las colocaron en unos hoyos recién hechos en el terreno desértico.

Sin embargo, al contemplarlas, era obvio que una había crecido mientras que la otra de algún modo se había quedado atrás. Una era alta y de aspecto robusto; la otra parecía empequeñecida. La diferencia era asombrosa.

—¿Y qué ocurrió? —preguntó él—. Las plantaron a la vez. ¿Por qué una es mucho más bajita? ¿Por qué hay tanta diferencia?

—Buena pregunta —fue la respuesta—. Para responderla, vamos a tener que ir a la raíz de la causa.

—¿Quiere decir que tiene que ver con las raíces? —preguntó el hombre.

—No dije exactamente eso. Podría haber varias consideraciones. No podemos sacar conclusiones apresuradas.

—Entiendo —dijo el hombre. Pero realmente no lo había entendido. Para él, seguía siendo un misterio.

Con este breve destello del futuro, comenzamos nuestra historia, el viaje de William J. «Bill» Ambers, un hombre que va a descubrir que los árboles y las empresas, y las personas y equipos que trabajan para esas empresas, tienen mucho en común.

Uno

EL ANUNCIO

No son buenas noticias, pensó Bill Ambers para sí mientras leía el anuncio que había llegado por correo electrónico a todos los empleados de la empresa. *¡Estoy seguro de que esto no significa otra cosa sino problemas!*

Parecía que la empresa acababa de nombrar una nueva presidenta para la división de Business Services Group, que es básicamente el centro de llamadas para el gran fabricante de equipos y programas informáticos donde Bill trabajaba como director de Servicio al Cliente. Bill enseguida pensó en algunos de los detalles más pertinentes sobre su nueva jefa para hacerse mejor a la idea de lo que le podría esperar. Muchos de sus pensamientos eran meras especulaciones por su parte, pero de todas formas las alojaba en su mente.

Angela B. Krafft. *Me pregunto: ¿tendré que llamarla «Señora Krafft» o Angie?*

MBA de Stanford. *Y yo con cuatro años en una universidad estatal.*

Casada. Sin hijos. *Probablemente no tenga mascotas, tampoco. Una vida muy ordenada.*

Con un competidor durante los últimos ocho años. *Me pregunto si la despidieron.*

Trabajadora nata, con un récord de mejoras departamentales. *¡Oh, oh!*

Bill aborrecía tener nuevos jefes. En sus once años en Dyad Technologies había soportado tres jefes. La señora Krafft sería la cuarta.

Ellos siempre llegan y quieren cambiarlo todo enseguida, recordaba. Y términos como «trabajador nato» y «mejoras departamentales» eran, según la opinión de Bill, pistas claras de que abundarían los cambios, le gustase o no.

Los temores de Bill tardaron solo dos días laborales en convertirse en la posible pesadilla que había pronosticado. Recibió «la llamada».

—A la señora Krafft le gustaría verte mañana durante una media hora. ¿Tienes tiempo a eso de las diez en punto? —le preguntó el administrador de calendarios.

Bill hizo una breve pausa para dar a entender que tenía una reunión crucial en su agenda a las diez. Aunque no la tenía, claro.

—Estoy disponible —respondió mientras su presión arterial subía un poco.

«Bien. En la oficina de la presidenta. A las diez en punto. Ella tiene ganas de conocerte».

Probablemente una reunión solo para «familiarizarse», intentó asegurarse Bill para sí. Pero en su interior sabía que los nuevos jefes siempre suponen problemas. ¿Por qué esta vez iba a ser distinto?

*B*ill, de hecho, llevaba un abrigo de *sport* al trabajo ese día, al margen de que había vestido siempre de manera informal desde que la empresa se relajó en cuanto al código de vestimenta. *Tengo que causar una buena primera impresión* era su fuerza motriz.

Bill era por lo general un tipo seguro. Había tenido algunos éxitos en sus casi tres décadas en el negocio. Desde que llegó a Dyad, le habían otorgado el preciado premio «Águila», el reconocimiento más alto que daba la empresa. No era tan solo el Águila de Departamento. Era el Águila Nacional. El Gran Águila.

Pero de eso hacía seis años. Hacía dos jefes. Hacía dos grandes decepciones. Los ascensos que había anticipado nunca se materializaron. Dos «extraños», ambos de fuera de las filas de Dyad, habían ocupado las vicepresidencias que él buscaba. *He trabajado mucho. Soy de fiar, ¿por qué no conseguí yo esos puestos?*

Quizá esta vez será distinto, pensaba Bill mientras atravesaba la doble puerta de cristal y entraba en la sala de espera de la presidenta de la división exactamente a las 10:00 de la mañana. *Quizá esta jefa hará que nuestra vida sea mejor.*

—¿Señor Ambers? —inquirió una mujer mayor de aspecto sofisticado a quien Bill no había visto en su vida.

—Sí.

—La señora Krafft le espera. Pase.

Bill Ambers abrió la imponente puerta que daba a la oficina de la presidenta de división y de inmediato se quedó atónito. Atrás quedaban los aburridos vestigios del pasado: el gran escritorio de caoba, pretenciosas sillas de piel y cuadros al óleo de ejecutivos muertos. En su lugar vio un escritorio sencillo, una silla ergonómica y un estilo decorativo que se podría definir bien como el «Salón de la Fama del tenis»: raquetas de tenis exhibidas en estuches Lucite y, como Bill pronto descubriría, pelotas de tenis firmadas y ordenadas en una caja de madera que tenía varias estanterías y un frente de cristal. Fotografías de todos los grandes tenistas, hombres y mujeres, estaban personalmente firmadas para «Angie» o «Angela».

La presidenta de la división, informalmente vestida, se levantó de su escritorio, se acercó a Bill, le extendió la mano y le saludó amistosamente.

—Bill, soy Angela Krafft. Es un placer conocerle. He oído hablar mucho de usted. Supe que incluso ganó el Águila Nacional, «Gran Ave», he oído que lo llaman.

Bill inmediatamente se tranquilizó.

—Así es, señora Krafft. Fue un verdadero honor ganar ese premio.

—Ganar es siempre un honor, Bill. Pero por favor, tenga la libertad de llamarme Angie. La formalidad tiene poco espacio cuando estamos todos en el mismo equipo.

Bill escaneó de nuevo la oficina. Ella tenía razón. No existía formalidad allí. Muy cómodo. Sus ojos se dirigieron otra vez a toda la parafernalia tenística. Había varios trofeos que no había visto previamente.

—Debe de interesarte mucho el tenis —dijo él.

—Sí. De hecho, me gustan todos los deportes. Pero el tenis es mi juego. Jugué en el instituto y en la universidad. Esperaba llegar a ser profesional, pero cuando fallé en las pruebas para ir a los Juegos Olímpicos, me centré en los negocios.

Es francamente sincera, pensó Bill.

—Debió de haber sido una gran decepción para ti —dijo en voz alta.

—Lo fue, pero he aprendido que la pérdida en un área de la vida no significa que no pueda ganar en otras. La victoria es muy importante para mí. Y por eso me rodeo de ganadores.

—Ya veo —dijo Bill con un repentino brote de aprensión con respecto a dónde se dirigía la conversación.

—Bill, permíteme explicarte. Creo que todos en esta empresa son ganadores, o ganadores en potencia. Sobre la base de lo que he visto hasta ahora, Dyad no contrata a cualquiera.

—Entiendo —repitió Bill. *Vaya*, pensó. *¡Se me podía haber ocurrido una respuesta mejor que esa!*

—El problema con este centro de llamadas es que nuestros números sencillamente no están en la columna de los ganadores. Empleando una terminología tenística, vamos empatados a sets, pero perdemos 30–0 en este juego.

—¿Qué significa eso exactamente —preguntó un Bill con cara cenicienta.

—Significa que he revisado los números de los tres turnos de representantes del servicio al cliente. Las llamadas entrantes no se están recibiendo tan rápidamente como quisiéramos. La meta de resolución con una sola llamada no se está alcanzando. El índice de abandono es asombroso.

Bill sabía exactamente de lo que ella estaba hablando. Sabía que a menudo quienes llamaban tenían que esperar cinco minutos o más para poder contactar con un RSC. El objetivo era dos minutos o menos. Él sabía que menos de setenta por ciento de todos los problemas se resolvían en una sola llamada. Y sabía que muchos de los que llamaban abandonaban sus llamadas. Sencillamente se iban, colgaban.

—Si no ofrecemos a nuestros clientes una solución de informática integrada aquí en Dyad —continuó Angie—, se irán en manada, con esas otras compañías que proporcionan un servicio al cliente estelar. Y créeme, Bill, las empresas de ese tipo están ahí fuera. Y las barreras para entrar en nuestros mercados no son tan seguras. Tenemos que proteger nuestra cuota en el mercado. Nuestros productos son sobresalientes, pero el servicio al cliente tiene que estar a la altura.

—¿Y qué propones? —preguntó Bill, con una timidez evidente en su voz.

—Bill, necesito que tú cambies los números. Necesito que reviertas las tendencias. Tenemos que cerrar las enormes brechas en nuestro desempeño. Francamente, Bill, me trajeron para darle la vuelta a los números. Mi trabajo, y el tuyo también, estará en peligro si no lo hacemos. Yo te apoyaré de todas las formas posibles, pero como tú eres el director del Servicio al Cliente, gran parte de la responsabilidad recae sobre tus hombros. Espero que tú encuentres las respuestas.

—Te aseguro que estoy haciendo todo lo que puedo —balbuceó Bill—. Pero tenemos varios problemas que yo no puedo resolver. Tenemos sillas vacías. No tenemos personal suficiente. Nuestro índice de sustitución es alto, incluso para centros de llamadas. La formación no es adecuada. No creo que RH esté haciendo bien su trabajo.

—Tengo una pregunta, Bill. Me gustaría saber si tú ves al equipo de RH como verdaderos socios de tu departamento. Sé que en algunas empresas se les considera simplemente holgazanes, pero creo que el departamento de Recursos Humanos puede ser tu mayor aliado. En el clima empresarial actual, necesitamos apoyarnos los unos en los otros, asociarnos en cada área, y depender de que nuestros asociados nos ayuden a encontrar soluciones para cumplir con nuestras necesidades empresariales. Quiero que sepas un secreto. Yo comencé mi carrera empresarial en RH. Después me convertí en directora de línea, en una posición muy similar a la tuya. Como resultado, puedo ver ambas partes de la ecuación. He aprendido que a veces tienes que cavar para encontrar soluciones. Y a veces la pala la tienen los otros.

—Entiendo.

Estas palabras se convertirían pronto en el mantra de Bill. Siempre que realmente no entendía algo, respondía con «entiendo».

—¡Genial! —dijo la presidenta de división con una sonrisa—. Sugiero que tu curso de acción sea detectar dónde están realmente los problemas y después trazar tu mejor plan para resolverlos. Me informarás en dos semanas, y revisaremos juntos tu plan.

¿Dos semanas? ¡Está claro que eso no es mucho tiempo! pensaba Bill mientras continuaba su nueva jefa:

—Como probablemente habrás averiguado, me voy a reunir con cada jefe de departamento incluyendo, claro está, a Sara Becker de RH. Mi filosofía es que no estamos aquí simplemente para jugar y esperar un buen resultado. Tenemos que encontrar nuestras brechas y salir a ganar. Todos juntos.

Se levantó, bordeó su escritorio, y extendió la mano a un Bill Ambers aún pensativo.

Bill estrechó su mano y se dirigió hacia la puerta de salida. Estaba deseoso de salir de allí.

Mientras bajaba la manivela de la puerta, ella le detuvo.

—Bill, leí tu archivo de personal. Tu perfil dice que te gusta el golf. ¿Es eso cierto?

—¡Así es! —Sonrió al recordar su hoyo en un golpe en un par tres de 153 metros el pasado abril.

—Entonces tengo que pedirte un favor —continuó Angela Krafft—. Nuestra empresa apoya a unas cuantas organizaciones benéficas de Phoenix, y una de ellas es el UMOM Homeless Shelter [Albergue para transeúntes UMOM]. Me apunté para jugar en su torneo benéfico, pero me ha surgido un compromiso ese día. ¿Te gustaría jugar en mi lugar? Es el próximo viernes.

Bill apenas pudo contenerse. Había escuchado muchas cosas de ese torneo. Podría tener un día libre pagado, haciendo lo que le encantaba. Y en uno de los clubes más exclusivos de Scottsdale.

—¡Me encantaría!

Bill se dirigió de regreso a su oficina con una gran sonrisa en el rostro. *Según son los jefes hoy día, ella no es tan mala,* pensó para sí. Pero entonces, como dice el viejo dicho, la ignorancia es realmente una dicha.

Dos

EN LOS HOYOS

*B*ill estaba deseando que llegara el día del torneo benéfico de golf. Pasó los días hasta dicha fecha preguntándose qué podría hacer para mejorar su desempeño entre sus RSC. Ninguna solución obvia llegó inmediatamente a su mente.

A primera hora de la mañana del viernes, Bill cargó sus palos de golf en su automóvil y se dirigió al campo. *Bonito día*, pensó para sí mientras se dirigía hacia el norte por Scottsdale Road. *Espero que mi recuperador de bolas esté en mi bolsa.* En sus más de treinta años de jugar al golf, Bill había lanzado bastantes pelotas a todo peligro de agua existente. A pesar de su *drive* recto y largo, sus pelotas Titleists «buscadoras de agua» de algún modo se las arreglaban incluso para aterrizar sobre la cabeza de un aspersor en medio de las calles.

Bill ocupó el primer lugar para estacionar que encontró, sacó su bolsa y se dirigió a la ya abarrotada sede del club.

—Estoy aquí para jugar en lugar de Angela Krafft —le dijo a la voluntaria que estaba sentada detrás del cartel de «G a N» en la mesa de inscripciones.

La amable joven revisó la lista de jugadores.

—Ah, sí, aquí está su nombre. Usted estará en el cuarteto de Michael St. Vincent.

Michael St. Vincent… el nombre me resulta familiar, pensó Bill.

Bill agarró un vaso grande de café de camino a su primer *tee*. Los otros tres miembros de su cuarteto, junto a dos carritos de golf, ya estaban allí.

—¿Alguno de ustedes se llama Michael St. Vincent? —preguntó Bill alegremente—. Formo parte de su cuarteto.

—Soy Mike —dijo un hombre mayor fornido con un gran bronceado y rasgos marcados—. Pero no cabe duda de que usted no es Angela Krafft.

—No, trabajo para ella. Mi nombre es Bill Ambers.

Mike le extendió su gran mano.

—Encantado de conocerte, Bill. De hecho, me dijeron que Angie no podría estar con nosotros. Me alegra que encontrara alguien para ocupar su lugar.

—Y yo me alegro de que necesitara a alguien que la reemplazara —admitió Bill con una sonrisa.

—¿Cuál es tu hándicap? —preguntó uno de los otros golfistas.

—Doce. En un buen día.

Mike estaba impresionado.

—Parece que vamos a tener un buen partido, chicos.

Entonces le explicó a Bill:

—Es un recorrido informal. Yo tengo un buen golpe corto. Jerry aquí tiene un juego corto sobresaliente, y el punto fuerte de Ed son sus hierros. Así que si tú haces una buena salida, juntos podemos hacer una partida ganadora.

—Seguro que será divertido —dijo Bill—. Especialmente si nos animamos el uno al otro.

Y sin duda fue divertido. Bill tuvo un gran día con el golpe de inicio, y no lanzó la pelota al agua ni una sola vez en todo el día. Todos hicieron su parte. Terminaron con diecisiete bajo par. Eso les bastó para lograr el segundo puesto.

La comida fue un tiempo de celebración y de hablar distendidamente de golf. Pero Bill quería saber más acerca de los tipos del cuarteto.

A dos de ellos no parecía importarles nada excepto el golf, pero uno de ellos parecía tener una vida fuera del mundo del club de golf. Y ese era Michael St. Vincent.

—¿En qué línea de trabajo estás tú, Mike? —preguntó Bill durante un incómodo momento de calma en la conversación.

—Se podría decir que soy jardinero —respondió Mike con un guiño travieso.

—Ya veo —dijo Bill, preguntándose cómo podía un jardinero permitirse una membresía en uno de los clubes más importantes de Scottsdale.

—Realmente —continuó Mike—, comencé en la banca, pero mi pasión ha sido siempre las cosas que crecen, además del dinero. Comencé una empresa de jardinería, después añadí varios viveros y centros de jardinería. Quizá hayas oído de mi empresa, Saint's Nurseries and Landscaping.

—¿Oír de ella? ¡Eres prácticamente una leyenda! —exclamó Bill—. Cuando construí mi nueva casa, busqué por los alrededores, y todos me recomendaron tu empresa.

—Me siento halagado.

—En serio, me sorprendió muchísimo tu servicio al cliente. Tus empleados me llamaron varias veces después de terminar el trabajo para asegurarse de que todo siguiera bien. Incluso arreglaron un par de problemas, sin preguntarme nada. Lo hicieron tan bien que decidí aceptar tu contrato de servicio.

—Me alegra oír eso —dijo Mike sonriente—. Imagino que también has visto a mi equipo trabajando duro en los terrenos de tu oficina. Hemos conseguido el contrato con Dyad Technologies durante más de tres años. Es ahí donde tú trabajas, ¿verdad?

—Ahí es. Soy el director de Servicio al Cliente del centro de llamadas.

—Me temo que tendrás que explicarme qué es un centro de llamadas y lo que hace.

—Está bastante claro, en realidad. Nuestra empresa vende computadoras y programas informáticos a un amplio rango de usuarios de empresas. Algunas de esas empresas son lo suficientemente grandes como para tener personas en plantilla que se ocupan de la información tecnológica. Pero las empresas más pequeñas, y hay literalmente cientos de ellas, no tienen presupuesto para apoyo tecnológico. Los técnicos de nuestro centro de llamadas están disponibles telefónicamente para servir como sus departamentos de información tecnológica.

—¿Así que tú resuelves los problemas de tus clientes? —preguntó Mike.

—Sí. Respondemos preguntas, eliminamos conflictos de *software*, les ayudamos a saber si hay alguna parte interna que no funciona bien y les ayudamos con las actualizaciones. Nuestros sistemas son más complejos que los de las típicas computadoras portátiles o de sobremesa, así que un buen servicio al cliente es importante.

—¿Te gusta trabajar ahí?

—Es curioso que me preguntes. Siempre pensé que hacía un buen trabajo, pero tenemos esta jefa nueva, bueno, obviamente la conoces porque ocupé su lugar en tu cuarteto, y realmente está revisando todo con más detenimiento. Sé que tengo que mejorar nuestros números o seré historia, pero no sé bien por dónde empezar.

—¿Estás abierto a aceptar algún consejo de un viejo jardinero? —preguntó Mike con compasión.

—Estoy abierto a toda la ayuda que pueda recibir —admitió Bill.

—Cuando tengo que resolver algún problema, siempre comienzo haciendo esta pregunta: «¿Cuáles son las necesidades?».

Eso es fácil. *Necesito* que me salgan las cuentas. Tengo que complacer a mi jefa, ya sabes.

Mike se rio.

—De acuerdo, por algo se empieza. Pero déjame explicarte lo que quiero decir.

Sacó un bolígrafo, tomó un una servilleta un poco empapada y dibujó un rectángulo. Dentro de ese rectángulo, cerca del margen superior, escribió las palabras «Necesidades de la empresa».

NECESIDADES DE LA EMPRESA

—Lo primero que tienes que saber es cuáles son las necesidades de la empresa en la que ustedes operan. ¿Cuál es la razón de su existencia?

—Eso también es fácil de responder —respondió Bill—. Nuestra razón de existir es proporcionar apoyo al cliente para las personas y compañías que compran nuestros equipos y programas informáticos.

—¿Eso es todo?

—Bueno, es más que eso. Mi nueva jefa me dijo que no estamos aquí simplemente para jugar al juego del servicio al cliente. Tenemos que ir a por la victoria, como ella lo llama, y proporcionar un servicio al cliente estelar para no perder nuestra cuota de mercado.

—¿Cómo sabes si estás dando un «servicio al cliente estelar» como tú dices?

Bill pensó durante unos instantes.

—Imagino que si estamos alcanzando o superando nuestra métrica operativa, significa que entonces lo estamos haciendo bien.

—¿Métrica? ¿Me puedes explicar qué es eso?

—Claro. Digamos que el objetivo es que una persona de RSC responda personalmente a las llamadas de nuestros clientes en dos minutos o menos, pero actualmente se tardan cinco minutos de media. Y digamos que nuestro objetivo es resolver los problemas de los clientes en su primera llamada a nuestro centro ochenta y cinco por ciento de las veces, pero solo lo conseguimos setenta por ciento de las veces. En estos dos casos, entre muchas otras cosas, no estamos a la altura de nuestra métrica, los estándares que nos hemos propuesto alcanzar.

Mike se veía pensativo.

—De acuerdo, eso explica las cosas desde la perspectiva de tu empresa, pero ¿cómo sabes cómo se sienten los clientes al respecto? Quizá a ellos no les importa si ustedes tardan cinco minutos en responder a sus llamadas.

—Ah, pero sí les importa. Hay otra métrica llamada el «índice de abandono». Esa es la medida de las personas que llaman y se van o cuelgan sin tan siquiera haber conseguido hablar con una persona de RSC. Las largas esperas obviamente contribuyen a tener un alto índice de abandono.

—También entiendo eso, pero ¿cómo sabes si las personas que llaman y consiguen hablar son clientes satisfechos?

Dos respuestas acudieron a la mente de Bill.

—Primero, nuestros gerentes se ponen otros audífonos y escuchan muchas de las llamadas. Ellos pueden saber bastante bien si los clientes están satisfechos por los comentarios que hacen y el tono de su voz. Segundo, hay una empresa independiente que envía encuestas por correo electrónico a varios de nuestros clientes de forma regular para tener sus comentarios.

—Eso tiene sentido —asintió Mike—. Sé muy bien que en mi gremio hay muchos competidores a los que

les encantaría captar a mis clientes. Por eso trabaja-
mos mucho en el servicio al cliente. Tú mencionaste
que mi equipo siguió llamándote para asegurarse de
que estabas contento y de que todo estaba crecien-
do como debía. Eso es parte de lo que hacemos para
crear seguidores felices. Tú también reconociste eso,
y fue lo que te hizo optar por contratar nuestros servicios. Ahora permíteme mostrarte algo.

Mike dibujó otro rectángulo dentro del primero
y escribió las palabras «Necesidades de desempeño»
dentro de la nueva caja, otra vez cerca del margen
superior.

—Lo que estoy intentando demostrar aquí es que
las *necesidades empresariales* impulsan las *necesidades de desempeño*. En otras palabras, ¿qué tienen
que hacer más, mejor o de otra forma tus RSC para
ayudarte a satisfacer tus necesidades empresariales?

—Buena pregunta —respondió Bill—, pero no estoy seguro de conocer la respuesta. Quizá nuestros RSC tienen que charlar menos para que las llamadas puedan terminar antes y puedan gestionar la siguiente llamada, pero eso no encaja en nuestra meta de ofrecer un servicio amigable al cliente. Sé que tienen que resolver problemas en la primera llamada porque eso elimina el que vuelvan a llamar, lo cual libera más líneas telefónicas.

—¿Tienes alguna idea en cuanto a cómo pueden los RSC conseguir los resultados deseados, especialmente cuando algunas de las metas parecen chocar con otras?

—No me viene a la mente nada fresco y revolucionario —confesó Bill—. Probablemente necesitamos más formación para asegurarnos de que nuestro personal haga un mejor trabajo.

—Posiblemente. Pero no intentes llegar enseguida a soluciones —le previno Mike—. La formación quizá no sea la respuesta. Quizá necesites mirar más adentro aún. Déjame mostrarte el siguiente componente.

—Otra caja, ¿verdad?

Mike se rio.

—¡Correcto! —Dibujó una caja más pequeña dentro de la segunda caja y escribió estas palabras dentro de sus límites: «Entorno laboral y Necesidades de competencia».

—Creo que sé hacia dónde vas con todo esto, pero sigo sin estar seguro exactamente de cómo encaja todo —dijo Bill pensativo.

—Por fortuna, tengo una forma mejor de explicarlo. ¿Tienes planes para mañana por la tarde? —preguntó Mike.

—Solo si a empapelar la cocina se le puede llamar un plan —Bill se quejó.

—¿Lo puedes posponer hasta la semana que viene?

—Es una decisión difícil. Pero sí, ¿por qué no? ¿Qué tienes en mente?

—Golf, por supuesto. Aquí mismo. Reservé un campo a la 1:00 de la tarde para jugar con Jerry, pero no podrá venir.

Me parece bien —confirmó Bill—. Nos vemos entonces.

Tres

LECCIONES DE LA HIERBA

—*R*ealmente estamos aquí por dos razones —dijo Mike mientras se preparaba para golpear la pelota en esa tarde cálida y soleada de sábado—. Primero y lo más importante, por supuesto, para jugar al golf. La segunda razón es aprender acerca de la hierba.

—¿Te he escuchado bien? ¿Hierba? —preguntó Bill.

—Correcto —respondió Mike mientras alineaba su palo detrás de la pelota. Echó hacia atrás su palo lentamente, preparó su mejor *swing* y oyó un desconcertante «¡zas!».

—Alardeando te luces, con cautela ganas —musitó Mike mientras su pelota entraba en la maleza.

Bill se rio sin poder evitarlo.

—Aparentemente hoy me vas a enseñar algo acerca de la hierba *alta*.

—Muy gracioso —comentó Mike a regañadientes.

Bill hizo su golpeo, y efectivamente, la pelota salió derecha y terminó en medio de la calle, peligrosamente cerca de un charco de agua, casi a 230 metros de distancia.

—¡Epa! Veo que me queda mucho trabajo por delante —observó Mike—. Supongo que no quieres hacer que el partido esté un poco más interesante, ¿verdad?

Bill aceptó la amistosa oferta de su anfitrión, y el partido subió un poco de intensidad, con unos cuantos dólares en juego.

Terminaron los primeros nueve, y Mike llevó el carrito hacia el hoyo diez.

—Hagamos un descanso y hablemos unos minutos antes de jugar los nueve hoyos restantes.

—De acuerdo. ¿Cuál es el tema de nuestra conversación? —Bill sentía curiosidad por saber qué podría ser tan importante como para interrumpir el juego.

—Mira a tu alrededor —sugirió Mike—. ¿Qué ves?

—Veo montañas, y cielo, y otros golfistas, y el club.

—No, no. No todo eso. Me refiero a la hierba. ¿Qué ves?

—De acuerdo, veo hierba —dijo Bill, recordando que Mike había dicho que una de las razones por las que estaban jugando era para aprender acerca de la hierba.

—Sí, pero ¿qué notas en la hierba?

—Bueno, veo hierba en el campo, la hierba más alta en la maleza, y la hierba más corta en el *green* y en el hoyo.

—¡Exactamente! —dijo Mike triunfante—. Y no toda la hierba es igual. Se usan distintos tipos de hierba según los distintos propósitos. ¿Recuerdas el dibujo que hice el otro día?

—Sí. Por cierto, me lo he guardado.

—La caja más externa era «Necesidades de la empresa», ¿correcto?

—Correcto.

—¿Cuáles supones que son las necesidades de la empresa de este campo de golf?

—Atraer miembros para que puedan recaudar cuotas, hacer dinero y seguir funcionando como empresa —se aventuró a decir Bill.

—Así es, básicamente. Y ¿qué crees que tendrían que hacer más, mejor o distinto las personas que gestionan este campo para competir eficazmente con los otros muchos campos de golf que hay en la zona de Phoenix?

—Realmente no lo sé. Quizá tendrían que reducir las cuotas iniciales o rebajar las cuotas mensuales o anuales.

Mike se rio.

—Me encantaría que así fuera, pero el hecho es que este club tiene las cuotas más altas de todos los campos de Arizona.

—¿Qué es entonces? —se preguntó Bill en voz alta.

—Me da la impresión de que entre sus formas de crear una ventaja competitiva y cumplir sus objetivos se encuentran mantener un recorrido de nivel de campeonato, proporcionar unas instalaciones limpias y cómodas para los eventos de los miembros, y ofrecer una comida deliciosa. Y por supuesto, empleados competentes, amigables y útiles es una necesidad imprescindible. Estas son principalmente cuestiones de desempeño de los empleados.

—Se me hace que tiene sentido —asintió Bill.

—¿Qué crees que el personal del servicio de comida, por ejemplo, tiene que hacer más, mejor o distinto para asegurarse el éxito del club?

—Se me ocurren algunas cosas —dijo Bill mientras pensaba en algunos de sus restaurantes favoritos—. Las reservas se honran con exactitud, los camareros son amigables y siempre sonríen cuando toman la orden, la comida se sirve caliente, las peticiones especiales se suplen con alegría, y lo más importante, ¡la factura está bien!

Mike soltó una risita.

—¡Bien! ¡Bien! Todas son ideas excelentes. Y por cierto, acabas de describir exactamente cómo son las comidas aquí.

—De hecho, observé que la comida del banquete estaba muy bien preparada y servida con mucha eficacia —dijo Bill, recordando la noche anterior.

—Naturalmente, el club hace encuestas regulares y anima a los miembros a enviar también tarjetas con comentarios. Incluso las preocupaciones más pequeñas se tratan de inmediato. Yo podría, por ejemplo, informar a uno de los cuidadores del campo de un agujero en el hoyo dos, y se repararía casi de inmediato.

—¡Asombroso! Así que eso estaría en la categoría de «mantener un recorrido de golf de nivel de campeonato». Deben de trabajar mucho para mantenerlo así.

—Eso es parte de ello, claro —asintió Mike—. Las personas de mantenimiento no solo hacen más, sino que lo están haciendo mejor y de forma distinta. Por supuesto, la otra parte de lo que hace que este sea un campo de campeonato superior es la hierba.

—Vamos, Mike —protestó Bill—. La hierba es hierba. Sí, tienes hierba corta en el hoyo y hierba más larga en las calles, pero aparte de eso...

—Hay una gran ciencia, tecnología y destreza especializada debajo de las grandes canchas de golf, Bill, y tiene que ver con la tercera caja de «necesidades» que te dibujé.

Bill estaba perplejo.

—Ya hemos discutido el hecho de que entre las cosas que ayudan a un club a satisfacer las necesidades de la empresa están un excelente servicio de comida y una cancha de nivel profesional, ¿correcto?

—Correcto.

—Y hemos hablado de que el desempeño de las personas que preparan comida buena y caliente y la sirven de forma rápida y amigable es importante.

—Correcto.

—El siguiente paso, entonces, es asegurarnos de que puedan satisfacerse las necesidades de competencia. En esta categoría, las destrezas y el conocimiento de los individuos son clave. Los cocineros no pueden preparar platos adecuadamente sazonados si no conocen la diferencia entre orégano y sal. Los camareros no pueden dar un buen servicio si no saben cómo abrir una botella de buen vino o no se conocen las mesas para que los comensales reciban lo que han pedido. Lo mismo ocurre cuando se trata de dieciocho hoyos de un buen partido de golf. Un superintendente cualificado y trabajadores de campo competentes deben tener las habilidades para revisar cada detalle, anticipar posibles problemas y remediar los actuales.

»Finalmente, las necesidades del entorno de trabajo se deben considerar también. Los cocineros no pueden preparar comida caliente si los hornos no funcionan. Los camareros no pueden servir vino si no tienen sacacorchos. Y en cuanto a la cancha de golf, los requisitos mínimos del entorno de trabajo son buenos sistemas de riego, herramientas de calidad como equipo para cortar la hierba en los hoyos y en las calles y... la hierba adecuada para cada aplicación».

—Entonces me estás diciendo que la hierba no es cualquier hierba —sugirió Bill.

—Exactamente. Para ser específicos, cada tipo de hierba que se usa debe ser capaz de cumplir con las expectativas de los golfistas. En los hoyos por lo general verás una hierba con mucha densidad, lo que significa que hay más briznas por centímetro cuadrado que la que tienen otras hierbas. Tiene una brizna muy fina y se puede segar a alturas de entre una décima a una octava de pulgada. Eso da como resultado una superficie lisa y nivelada, exactamente lo que se necesita para golpear la pelota en esa zona del campo.

—¿Y qué hay de las calles? —preguntó Bill.

—Esa es otra historia. Por lo general, en este clima, usamos Tifway, un tipo de hierba Bermuda. Crece bien bajo el tráfico de los carritos y golfistas, y a los cuidadores les resulta más fácil reparar los agujeros en la Tifway también. Además tiene una alta densidad pero se siega solo a una altura de entre cinco dieciseisavos a tres octavos de pulgada. Las zonas externas llevan por lo general el mismo tipo de hierba, pero se mantienen a una altura mayor.

—Creo que lo entiendo. Las necesidades de desempeño determinan tanto las necesidades de entorno laboral como las necesidades de competencia. Para que quienes mantienen el campo proporcionen una cancha de campeonato, necesitan la hierba adecuada, las herramientas adecuadas para cortarla y los sistemas de riego correctos para la hierba. Así que estas cosas son sus necesidades de entorno laboral.

—¡Exactamente! Pero, Bill, hay también otras consideraciones de entorno laboral «escondidas». Son invisibles para el golfista pero tienen la mayor importancia.

Bill respondió solo con una expresión de perplejidad, así que Mike intentó explicarlo en términos laicos.

—Los cuidadores del campo no pueden tan solo esparcir la semilla, regarla, cortarla y esperar tener una cancha de golf de campeonato como resultado de ello. El entorno tiene que ser el adecuado. En la mayoría de los casos, el entorno está compuesto de cosas que el golfista nunca ve. Están bajo la superficie. Por ejemplo, antes de plantar la hierba hay mucha preparación subterránea. En este campo, la tierra que hay debajo de la hierba es aproximadamente ochenta y cinco por ciento de arena y quince por ciento de materia orgánica. La arena se prueba en laboratorios para tener un tamaño de partículas concreto para que, digamos, de aquí a diez años aún haya un drenaje adecuado. Todo esto crea el entorno necesario para una cancha de golf de campeonato.

—¡No tenía ni idea de que fuera una ciencia tan exacta!

—Más de lo que te imaginas. También hay continuas consideraciones de entorno de trabajo. La hierba más corta en los *green* y en la zona de *tee* tiene que nutrirse con mayores cantidades de nitrógeno, fósforo y potasio que la hierba más larga de las calles. Un equilibrio erróneo de nutrientes podría tener como resultado que la hierba se queme. El riego y el drenaje también son consideraciones vitales.

Bill estaba impresionado.

—Parece todo muy complejo. ¿Cómo encuentran las personas cualificadas que necesitan?

—¿Has oído alguna vez lo de programas acreditados de césped?

—No puedo decir que sí.

—Como hay mucha ciencia y tecnología detrás de los campos de golf, los superintendentes generalmente asisten a programas de césped. Universidades como Michigan State, Penn State y la Universidad de Arizona, entre otras, tienen programas establecidos desde hace mucho que ofrecen cursos de dos o de cuatro años en el especializado campo de la ciencia del césped. Es un área de estudio muy demandada, y los clubes como el nuestro compiten para atraer a los mejores graduados. Las necesidades de la empresa de este club, incluida la necesidad de conseguir nuestra membresía y metas de beneficios, están sostenidas por el desempeño del superintendente y los cuidadores de campo. Su desempeño, a su vez, está sostenido mediante su propia competencia y por las herramientas, equipos y otros recursos que son parte del entorno de trabajo.

—¡Asombroso! Estoy impresionado. Y estoy comenzando a ver cómo esas cosas forman un todo. Las necesidades están todas interrelacionadas, razón por la cual tú dibujaste las cajas dentro de las cajas.

Bill sacó el trozo de servilleta arrugado y lo estudió con cuidado.

© 1995 por Partners in Change, Inc.

—¡Lo has entendido!» —aplaudió Mike—. Lo que ocurre es que la situación es similar en cualquier empresa. Para conseguir los resultados que se desean, primero hay que entender las necesidades del negocio. Después hay que decidir los requisitos de desempeño de la gente para suplir esas necesidades. Para asegurar el desempeño, hay que asegurarse de que la gente sea realmente capaz y que sus necesidades de entorno laboral se estén supliendo. Si alguna pieza no está en su lugar, habrá problemas. Te lo garantizo.

Bill estaba impresionado.

—Tengo que admitir que esta es la información más útil que jamás he recibido en una cancha de golf.

—¡Genial! Me alegra oír eso.

—Ahora» —ofreció Bill—, permíteme hacerte un par de sugerencias sobre tu agarre y postura para ayudarte a mejorar tu *drive*.

—¿Me estás diciendo que mi desempeño no es el que debería ser? —bromeó Mike.

—Eso es lo que a mí me parece. Tienes que mejorar tus capacidades. ¡Y yo estoy aquí para ayudarte!

Cuatro

EL «DEBERÍA» ES BUENO

*B*ill no llegó a empapelar la cocina ese fin de semana, pero cuando le contó a su esposa las cosas que había aprendido en el campo de golf, a ella no pareció importarle nada.

«Podría haber usado yo misma algo de esa información hace un par de semanas», dijo ella con tono melancólico.

Los lunes por la mañana por lo general no le aportaban gran cosa a Bill, porque marcaban el comienzo de un nuevo periodo de informes, además del fin del último periodo. Eso significaba que cada problema que había surgido durante la semana anterior se le notificaría a él. El informe casi nunca traía consigo buenas noticias.

Este lunes en particular, sin embargo, era distinto. Había cierta firmeza en los pasos de Bill. Estaba listo para afrontar cualquier desafío. *¡A por ellos, Tiger!* pensó para sí, en una jerga totalmente ajena a Bill.

Bill sabía que su tarea para las siguientes semanas era hacer que Angela Krafft, la presidenta de división, fuera una jefa feliz. Lo único que debía hacer era alinear las necesidades de desempeño con las necesidades de la empresa; y para lograr eso, lo único que tenía que hacer era asegurarse de que la competencia y las necesidades del entorno de trabajo fueran suplidas. Tenía que descubrir qué necesitaba su personal hacer «más, mejor o de forma distinta» y después conseguir que lo hicieran. La palabra «formación» seguía llegando a su mente.

¡Esta parece una tarea para el departamento de RH! pensó con una confianza tremenda.

Cuando Bill llegó a su escritorio, revisó el directorio de empleados de su computadora en RH.

¡Aquí está! *Sara Jane Becker, Directora de Recursos Humanos.* Marcó la extensión de Sara. Le saludó su contestador automático y dejó un breve mensaje.

«Hola, Sara. Soy Bill Ambers de la 2350. ¿Podrías llamarme, por favor? Necesito tu ayuda lo antes posible. ¡Gracias!».

Bill emprendió sus tareas para la mañana, incluido su ritual revisión del deprimente informe de actividad de la semana anterior. A eso de las 10:30, sonó el teléfono.

—Hola, Bill, soy Sara.

—Hola, Sara.

—Siento devolverte la llamada tan tarde. Tenía una reunión con la nueva presidenta.

—Lo entiendo perfectamente. Yo también tuve una de esas reuniones.

—¿Qué puedo hacer por ti, Bill?

—¿Tienes tiempo para una breve reunión? Tengo algunos problemas que resolver, y tu ayuda me sería útil.

—Claro. Estaré libre en unos veinte minutos. ¿En tu oficina o en la mía?

—¿Qué tal en la cafetería a las once?

—A las once está bien.

*B*ill apareció en la cafetería a las 10:58, según su reloj. Sara ya estaba allí, bebiéndose un café moca de máquina.

—Gracias por venir avisándote con tan poca antelación, Sara.

—Sin problema. ¿Qué ocurre?

—Lo que ocurre es que nuestros números no son los que deberían ser. Las resoluciones en la primera llamada tienen que mejorar, el tiempo de respuesta no es muy bueno; bien, ya conoces los problemas normales. Ves los informes.

—Sí, lo sé, y he estado pensando en lo que podría hacer para ayudar.

—Mi opinión es que tenemos dos problemas distintos. Si los resolvemos, los números mejorarán solos.

Sara se inclinó hacia delante.

—Te escucho.

—De acuerdo, ¡genial! —comenzó Bill—. El primer problema son las sustituciones. Creo que cada centro de llamadas tiene el mismo problema. El trabajo es muy estresante y con un sueldo bajo. Quiero decir, que a mí mismo no me gustaría trabajar en el teléfono. Así que tenemos que contratar personas enseguida. Tenemos que llenar esas sillas con personas.

Sara tomó nota, alzó la mirada, sonrió y dijo:

—Ya veo.

—Lo otro —continuó Bill—, es que tenemos que dar más formación. Algunas de esas personas recién contratadas apenas saben decir «¿En qué le puedo ayudar?», y mucho menos dar una ayuda significativa.

—Ya veo.

—Un programa estricto y bien diseñado, quizá usando algunos de los consultores externos, sería la solución.

—Ya veo.

—Después podríamos desarrollar un régimen de prueba para asegurarnos de que quienes han recibido la formación han asimilado la información y pueden aplicarla debidamente.

—Ya veo.

—Sara, no dejas de decir ya veo. ¿Qué quieres decir, *exactamente*?

—Bill, todo esto parece estupendo…

—Ya veo.

—… salvo por una cosa.

—¿Qué cosa?

—Mi reunión con Angela Krafft esta mañana. Le pedí un aumento de presupuesto, y dijo que no. Me avisó de que tengo que demostrar cómo el departamento de RH realmente añade valor a la empresa. Quiere saber qué hacemos realmente para ayudar a cerrar las obvias brechas de desempeño que existen aquí. El resumen es que me dijo que tengo que encontrar formas creativas de ir por la victoria.

—«Ir por la victoria», dice ella. «Cerrar las brechas e ir por la victoria». ¿Cómo quiere que cerremos las brechas y logremos la victoria cuando tenemos las manos atadas? Es como, ¡es como jugar al tenis con nuestras raquetas atadas a la espalda! —esputó Bill.

—Ese *es* el problema, ¿no crees? —preguntó retóricamente Sara.

Bill estaba callado mientras pensaba en su situación más adversa. Después, una sonrisa lentamente iluminó su rostro.

—¡Quiero que conozcas a alguien!

—¿A quién?

—Verás —dijo Bill mientras sacaba su teléfono celular y marcaba un número escrito en un trozo de papel que llevaba consigo en el bolsillo. «Michael St. Vincent, por favor». El teléfono estuvo en silencio durante unos segundos.

—Soy Mike. ¿Qué puedo hacer para ayudarte a que tu vida sea perfecta?

Es el saludo más extraño que he oído jamás, pensó Bill.

—Mike, soy Bill Ambers. Ya sabes, buenos golpes largos, terribles golpes cortos.

—Claro, Bill. ¿Qué puedo hacer por ti?

—¿Tienes tiempo para ir a almorzar hoy?

—Bueno, debería volar a D.C. en el *Air Force One*, pero imagino que puedo posponerlo. ¿Qué ocurre?

Gracioso, pensó Bill.

—Me encantaría invitarte a almorzar hoy —dijo.

—Suena bien, pero yo invito. Eso me hará sentir un poco mejor por haberte dejado sin blanca el sábado pasado.

—¡Genial! La verdad es que ya se me ha olvidado todo.

—El lunes por lo general es mi día de comer en un italiano. ¿Está bien por ti?

—Italiano es, entonces. Me gustaría que nuestra directora de Recursos Humanos se reuniera con nosotros, si está bien contigo. ¿A las doce y media en Brunello's? ¿Sabes dónde está?

—Sí, claro. Te veré allí.

—¿Y qué ronda por tu mente? —preguntó Mike mientras se disponía a hundir el tenedor en su ensalada de corazones de palma y alcachofas.

—Regresé al trabajo esta mañana muy emocionado por todo lo que aprendí contigo, sobre las necesidades de la empresa, y las necesidades de desempeño, y las necesidades de competencia, y las necesidades del entorno laboral.

—¿Y...?

—Decidí que las dos cosas que teníamos que hacer para conseguir que esas cosas se alinearan era asegurarnos de que cada silla estuviera ocupada por una persona, y después asegurarnos de que esas personas estuvieran plenamente entrenadas y probadas.

Mike pensó en eso un instante, y después se dirigió a Sara.

—¿Qué piensas tú de esto?

—Me pareció bien, pero no es fácil. Me reuní con nuestra nueva presidenta de división para pedirle un aumento de presupuesto, y me lo denegó.

Mike sonrió.

—Esa debe de ser la infame Angela Krafft, ¿eh?

—La única y verdadera.

—Esto es lo que está fallando —sugirió Mike—. Antes de poder lanzar posibles soluciones a un problema, tienen que hacer algo que es muy importante.

—¿Qué? —preguntaron Bill y Sara al unísono.

—Hay que *ir a por los «debería»*.

—¿Qué? —volvieron a preguntar al unísono.

—Ir a por los «Debería» —repitió Mike mientras metía la mano en el bolsillo de su camisa y sacaba un montoncito de tarjetas. Algunas eran azules, otras amarillas, otras verdes, otras rojas y algunas moradas. Sacó dos tarjetas amarillas del montón—.

Llevo esta tarjeta conmigo prácticamente todo el tiempo. Tengo una copia muy gastada en mi cartera. Me sirve de recordatorio constante de un principio muy simple que ha guiado mi negocio durante muchos años.

Entregó una copia de la tarjeta a cada uno de ellos, y ellos la estudiaron como si estuviera escrita en algún código indescifrable.

«Más, mejor o diferente»

siempre equivale a «debería ser».

¡Ir a por los «debería»!

—De acuerdo, Mike —se aventuró Bill—. No tengo ni idea de lo que significa esto.

—Yo lo sé, ¡pero no te lo voy a decir! —dijo Sara con una viva sonrisa.

Mike se rio efusivamente y continuó:

—Tienen que determinar cuáles son los «debería». Los «debería» tienen que ser su enfoque número uno, y tienen que abordarlos. En su caso, tienen dos tipos de «debería». Los primeros son los que he oído que ustedes llaman métrica. ¿Quieren una respuesta rápida a las llamadas que llegan? Eso es un «debería ser». ¡Vayan a por ello! ¿Quieren mejorar la resolución en la primera llamada de los problemas de los clientes? Otro «debería ser». ¡Vayan a por ello! ¿Quieren un índice de abandono de llamadas más bajo? ¡Vayan a por ello! Esos son sus «debería» operativos. ¡Vayan a por los «debería»!

Bill se estaba frustrando.

—De acuerdo, básicamente sabemos cuáles son los «debería». Dos minutos, ochenta y cinco por ciento y...

Mike le interrumpió.

—Sí, ese es un lado de los «debería». Pero mencioné que hay dos tipos. El segundo tipo son los «debería» de desempeño. Todo se resume en lo que el personal de RSC tiene que hacer más, mejor o diferente. Los «debería» representan las conductas deseadas.

—Tiene que haber un siguiente paso, ¿verdad? —preguntó Sara.

—Sí, y lo hay. Tienen que identificar cuáles de sus RSC son los trabajadores estrella, y tienen que descubrir qué hacen más, mejor o diferente.

—Entiendo —respondió Bill sin mucha convicción.

Mike no estaba convencido.

—¡Esto es muy importante, Bill! ¿Cómo sabes quiénes son tus mejores RSC?

—Lo sabemos por nuestros gerentes de turnos. Como mencioné el otro día, ellos recorren la habitación y conectan sus audífonos en las mesas de sus RSC. Escuchan las llamadas y ayudan con los problemas cuando es necesario. Los RSC con menos problemas son los que mejor rinden.

—¿Estás seguro? —preguntó Mike.

—Bueno... sí. Sus resultados operativos lo demuestran. Resuelven más problemas en la primera llamada que otros RSC. Y la duración media de sus conversaciones es más corta y pueden atender más llamadas.

—¿Qué es más importante? ¿Resolver el problema en la primera llamada o que la llamada sea breve?

—Realmente no importa, porque la jefa dice que tenemos que mejorar todas nuestras métricas.

—Ya veo —dijo Mike.

—Digamos que podemos identificar a todos nuestros mejores trabajadores —comentó Sara—. ¿Qué hacemos después?

—Tienes que hacer preguntas. Pregunta a tus estrellas si saben qué es lo que hacen para conseguir los resultados que obtienen. Descubre cuáles son sus secretos.

—¿Y crees que eso funcionará?

—¡Estoy convencido! Este es un ejemplo. Hace unos años decidí ofrecer un conjunto de herramientas de jardinería de alta calidad a gasolina en mis tiendas.

Quiero decir, lo tenía todo: sopladores de hojas, moto-sierras, vehículos cortacésped, desbrozadoras. Eran más caros que los que ofrecía la competencia, pero merecía la pena el desembolso. Bueno, la idea fue un fracaso total. Las ventas fueron decepcionantes. Así que me quedé con un montón de inventario. Tuve que hacer frente al interés y usar un espacio de almace-namiento muy útil. Tenía una verdadera necesidad de empresa. «¿Qué voy a hacer?», me preguntaba.

—¿Qué hiciste?

—Nada, de hecho. No al principio. Después ocu-rrió algo que no esperaba. Uno de mis empleados de la sala de muestras se fue, así que puse un anuncio y contraté a una persona. Pensaba que aún tendría el mismo problema con el inventario acumulado, pero estaba equivocado.

Bill y Sara se inclinaron hacia delante en sus sillas como diciendo: «Sigue contando».

—En cuestión de una semana tras haber contra-tado a ese nuevo empleado, observé que parte de la mercancía se empezaba a vender. No tenía ni idea de lo que estaba ocurriendo. En tres semanas, él vino a mi oficina y me dijo que teníamos que pedir más cortacésped, desbrozadoras y sopladores, además de un par de motosierras para madera. ¡Me quedé de piedra! Le pregunté: «¿Cómo es posible que todo el mundo esté vendiendo tanto estas cosas de repente?».

—¿Y qué dijo él?

—Dijo: «En realidad, lo he vendido todo yo solo».
No me lo podía creer. Le pregunté cuál era su secreto.

—¿Y...?

—Me dijo: «Me di cuenta de que nuestra mayor
competencia provenía de las tiendas de descuentos.
Así que cuando los clientes llegaban a comprar plan-
tas o fertilizante, les preguntaba si habían visto nuestra línea de herramientas de jardín a gasolina. Ellos
me decían que ya tenían podadora, o lo que fuera, y
yo les preguntaba cuántos años las tenían, si estaban
contentos con ellas y cuándo tenían planeado reem-
plazarlas. Después les decía por qué nuestros productos eran mucho mejores que las herramientas que
podían conseguir en otros lugares. Les enseñaba las
funciones que las otras herramientas no tenían y les
decía cuáles eran los beneficios concretos de esas funciones. También les señalaba que nosotros ofrecíamos
un servicio posventa, algo que las tiendas de descuen-
to no pueden hacer».

—¿Eso es todo? —preguntó Bill.

—Eso es todo.

—¿Pediste más herramientas de esas? —preguntó
Sara.

—Sí, claro. Pero ese no es el final de la historia.
Cuando descubrí los «debería» de desempeño, qué era
lo que mi trabajador estrella estaba haciendo que los
otros no hacían, pasé esa información a los demás para
que pudieran conseguir resultados similares.

—¿Y funcionó?

—¡Como un embrujo! Ahora soy el distribuidor combinado más grande de esos productos en todo el oeste del Mississippi.

—¿Entonces estás diciendo que deberíamos hacer algo así?

—¡Bingo!

Sara protestó:

—Se nos ha dicho que no hay más dinero en nuestros presupuestos. Esta propuesta parece cara. No nos podemos permitir añadir un nuevo programa.

Mike estaba entretenido.

—¿Pudiste permitirte comer hoy conmigo?

—Claro. Era nuestra hora de comer. Tiempo libre, ¿sabes?

—Entonces mañana comienza a llevar a tus empleados estrella a comer. Deja que te cuenten sus secretos, uno a uno. Eso no le saldrá nada caro a tu empresa.

—Pero ese no parece un enfoque muy profesional o formal —protestó Bill.

Mike sonrió.

—No estás intentando hacer una investigación para una tesis doctoral. No estás buscando datos científicos. No estás intentando llegar a algún tipo de consenso. Simplemente estás intentando resolver un problema. Tienes que ir a por los «debería». De eso se trata lo de ir a ganar, en mi opinión.

Si vuelvo a oír eso de «ir a por la victoria» una vez más, creo que voy a perder mi almuerzo, pensó Bill. Dijo en voz alta:

—Lo que estás diciendo es que solo tenemos que salir ahí y hacer muchas preguntas.

—No exactamente. Cualquiera puede hacer preguntas. Lo que tienen que hacer es hacer bien las preguntas correctas.

—¿A qué te refieres con eso?

—Buena pregunta. Pero primero permíteme hacerte unas cuantas preguntas. ¿Te gusta tu trabajo, Bill?

—Básicamente, sí.

—¿Crees que Dyad es una buena empresa donde trabajar?

—Claro. Sí.

—¿Crees que podría haber mejores departamentos de servicio al cliente en otras empresas?

Con esa pregunta Bill se puso un tanto a la defensiva.

—Es difícil de saber. No lo sé. Imagino. Sí, probablemente.

—Sara, ¿sabes qué ha estado mal en todas las preguntas que le he hecho a Bill?

—Sí, claro —respondió Sara—. Eran todas preguntas cerradas. No han sido lo que creo que llaman preguntas de alto rendimiento. Las únicas respuestas que se consiguen así son cosas como sí, no o quizá.

—¡Acertado! —alabó Mike—. Obtuve respuestas de Bill, pero no obtuve ninguna información útil. Hice preguntas, pero no hice las preguntas correctas. Aho-ra déjame intentarlo de nuevo, haciendo preguntas abiertas.

—De acuerdo.

—Bill, ¿qué es lo que más te gusta de tu trabajo, y qué cosas crees que necesitan mejorar?

—De acuerdo, veo a lo que te refieres —dijo Bill—. Pero para obtener información útil, ¿no tengo que hacer preguntas que lleven a respuestas que se puedan cuantificar y categorizar?

—En algunos casos, sí —coincidió Mike—. Pero en tu caso, la cuantificación vale de poco. Estás bus-cando los «debería» del desempeño. Tienes que ahon-dar para encontrar las respuestas, y tus trabajadores estrella son la mejor fuente de esas respuestas. En el caso de mi empleado de ventas que vendió todas las herramientas, tuve que preguntarle qué era lo que estaba haciendo más, mejor o diferente. Solo cuando conseguí esas respuestas fue cuando pude ayudar a los otros vendedores a descubrir cómo conseguir resulta-dos similares.

Sara echó un vistazo a su reloj.

—¡Vaya! Bill, debo estar en una reunión que comen-zaba hace diez minutos!

Sara y Bill se levantaron para irse.

—Siento haberte hecho llegar tarde —dijo Mike—. No debería haber empleado tanto tiempo hablando de los «debería».

—Está bien —dijo Sara amablemente—. Esto ha sido de muchísima utilidad.

—Seguro que sí —añadió Bill—. Gracias por tu tiempo... y gracias por la comida.

Y se fueron, deseosos de cambiar su mundo.

Cinco

IR, NO IR

*B*ill y Sara abordaron la tarea que tenían ante ellos con gran entusiasmo. Estaban seguros de que una vez que identificaran las conductas «debería» de sus mejores RSC, podrían implementar un programa para transferir esas prácticas deseadas al resto del equipo.

—¡Este será el programa de formación más eficaz que hayamos tenido jamás! —sugirió Bill.

—Seguro que será así —le respaldó Sara—. Cuando preguntemos a nuestros mejores trabajadores cuáles son sus secretos, no será muy difícil codificarlos en un programa de formación. ¡Eso podría revolucionar el proceso de formación para los RSC en todo el mundo!

—Aunque veo un pequeño problema —admitió Bill—. Tengo dos hijos en la universidad y otro en el instituto que come más que todo un equipo de fútbol de la Liga Nacional. Realmente no tengo dinero para pagar muchos almuerzos.

—Además de eso, sabes que no podemos pedir a nuestros empleados que den voluntariamente su tiempo —le recordó Sara—. La ley dice que tenemos que pagarles. Intentemos al menos hablar con Angie para que nos cubra esos costes.

Sara y Bill se las arreglaron para entrar en la agenda de Angie lo primero a la mañana siguiente. Los tres fueron tan puntuales que prácticamente coincidieron delante de la puerta de Angie.

—Gracias por recibirnos con tan poco aviso previo —dijo Sara mientras estrechaba la mano de Angie y rápidamente ocupaba su asiento.

—Sí, realmente lo agradecemos —añadió Bill.

—No hay problema —dijo la presidenta de división—. Yo veo lo de «estar disponible» como una de las responsabilidades clave de mi trabajo.

Refrescante cambio, pensó Bill mientras recordaba la política de puerta cerrada del predecesor de Angie.

—Hemos estado trabajando juntos para resolver los problemas relacionados con el servicio al cliente que hemos estado experimentando —comenzó Bill—. Sé que me pediste que entregara un plan escrito la próxima semana, pero estamos detrás de algo, así que queríamos reunirnos contigo lo antes posible. Creemos que podemos resolver el problema de las brechas en el desempeño de nuestros RSC descubriendo qué hacen bien nuestros mejores trabajadores y después transfiriendo esas destrezas a los demás RSC.

Angie pensó por unos momentos.

—Esa idea es interesante, Bill. ¿Cómo propones lograrlo?

—Nos gustaría llevar a almorzar a nuestros mejores RSC, de uno en uno.

—Quieres decir de *dos* en uno —interrumpió Sara.

—Así es. Lo siento. De dos en uno. Obviamente, Sara estaría directamente involucrada en el proceso.

Angie estaba lista con su respuesta.

—¿Ya han calculado cuánto costará en términos de pagar el tiempo extra y pagar las comidas?

—Creemos que si entrevistamos a ocho personas, o alrededor del cinco por ciento de nuestros RSC, una hora cada uno, podemos conseguir nuestros objetivos —respondió Sara—. Eso no costaría más de seiscientos dólares.

—Está claro que no piensan llevarlos a un restaurante de cinco estrellas —dijo Angie con una sonrisa—. Reconozco que eso no es mucho dinero, pero las pequeñas cosas suman. Me pregunto si no hay otra forma de conseguir el mismo objetivo, pero de manera que no nos cueste nada.

¡Caramba, ella sí busca lo barato! pensó Bill para sí.

—¿Tienes una idea concreta respecto a cómo hacerlo? —preguntó Sara.

—Lo cierto es que sí. Sugiero que hagan más de lo que ya hacen. Conectarse a las máquinas de sus mejores empleados y escuchar cómo interactúan con los clientes. Vean si pueden detectar algún patrón.

—Los gerentes de turnos y yo hemos escuchado mucho en los últimos meses —protestó Bill—, y no hemos detectado ningún patrón.

La respuesta de Angie fue concisa.

—Quizá tienen que hacer un mejor trabajo al escuchar.

Sara enseguida salió al rescate de Bill.

—La razón por la que estamos sugiriendo las reuniones de dos a uno, Angie, es porque creemos que podemos resolver el problema de forma más rápida que si solamente escuchamos sin poder hacer preguntas de alto rendimiento. Y nos da la impresión de que los números tienen que cambiar lo antes posible.

Angie pensó detenidamente el razonamiento de Sara.

—Ese es un buen punto, dos puntos. Voy a aceptar su propuesta. Seiscientos dólares en verdad no nos afectará demasiado.

☿

*B*ill y Sara salieron de la oficina de Angie con sonrisas en sus rostros. Cuando giraron por el pasillo a doce metros de distancia, ambos dieron una palmada en alto eufóricos.

Estaban deseando comenzar.

—Hablemos con algunos de nuestros RSC estrella mañana —sugirió uno de ellos. Y así lo hicieron.

Para su gran sorpresa, los mejores trabajadores con los que contactaron estaban deseosos de compartir sus ideas en las reuniones durante el almuerzo de dos a uno. En menos de dos semanas, Bill y Sara habían realizado todas sus entrevistas y habían recopilado un informe preciso sobre sus hallazgos. El siguiente lunes por la mañana aparecieron en la puerta de Angie armados con copias de su informe.

Angie se alegró de verlos.

—Me alegra que se hayan tomado esta tarea tan en serio. ¿Qué descubrieron?

Bill comenzó de inmediato.

—Sorprendentemente, descubrimos doce conductas distintas que creemos que separan a nuestros mejores trabajadores de nuestros típicos RSC. Lo encontrarás en la página dos, con explicaciones detalladas en las páginas tres y cuatro. Nuestro plan para el futuro sigue en las páginas cinco y seis.

Angie pasó a la página dos y estudió el resumen.

Los mejores trabajadores de RSC de Dyad

- Hacen preguntas de alto rendimiento abiertas para conseguir información sobre el problema del cliente.

- Escuchan bien y reconocen el problema.

- Se ajustan a las respuestas del cliente sobre la base de sus emociones o sentimientos.

- No entran en discusiones y no es probable que sean ofensivos o defensivos en su tono.

- Usan frecuentemente el nombre del cliente durante la conversación.

- Averiguan qué espera el cliente de la empresa y especifican claramente las acciones que emprenderá la empresa.

- Ofrecen un marco de tiempo realista para la resolución del problema.

- Muestran paciencia y permiten que el cliente exprese sus quejas.

- Son capaces de desarrollar múltiples tareas a la vez sin interrumpir el fluir de la llamada.

- Redirigen la conversación para no desviarse, lo cual ayuda a reducir la longitud total de la llamada.

- Se disculpan por cualquier error del RSC o de la empresa.

- Agradecen al cliente la llamada y buscan información acerca del grado de satisfacción del cliente con el resultado.

Angie dejó el informe sobre su mesa y dijo:

—A mí me parece que está bastante completo. ¡Buen trabajo!

—Gracias —respondió Bill.

Sara añadió sus pensamientos:

—Un rasgo obvio que no se incluyó en este informe fue el del «conocimiento sobresaliente del producto», aunque nuestros mejores RSC tienen claramente un conocimiento profundo del producto. Nos enfocamos más en las conductas. Se podría llamar las prácticas específicas mostradas por nuestros RSC más eficaces.

—Ya veo —reconoció Angie—. ¿Qué piensan hacer con esta información?

—Si vas a la página cinco —respondió Sara—, verás que nuestra solución es proporcionar formación sobre estas prácticas a nuestros típicos RSC para que ellos también puedan unirse a las filas de los mejores trabajadores. Hemos bosquejado el programa y el presupuesto propuesto, junto con el resultado esperado.

Bill y Sara se quedaron sentados en silencio mientras Angie estudiaba la propuesta. Momentos después dejó el informe.

—Me temo que no puedo respaldar su plan —anunció firmemente.

—¿Por qué? —demandó Bill, mientras le subía su presión sanguínea—. ¿Es por el dinero?

—No, no es el dinero.

Creo que ella quiere que fracase para poder sustituirme por algún compañero de su universidad, pensó Bill. *Cualquiera con un poco de cerebro puede ver que este es un buen plan. No, ¡es un plan magnífico! Se está convirtiendo en la jefa pesadilla que pensaba que sería.*

—¿De qué se trata entonces? —indagó Sara.

—Es muy simple. Dicen en este informe que quieren dar formación uniforme a todos los RSC. Me preocupan varias cosas de eso. Primero, no tenemos un número adecuado de RSC que nos permita sacar a más de dos o tres de la línea a la vez. Segundo, debido a ese hecho, el proceso de formación durará demasiado. Tercero, será muy costoso. Y finalmente, este es el más importante, ¿cómo saben que la mayoría de nuestros RSC carecen de las habilidades específicas que han bosquejado o que ese entrenamiento marcará la diferencia?

Tanto Bill como Sara dudaron.

—¿Cómo saben que la falta de ciertas habilidades es la única razón por la que algunos de los RSC no operan tan bien como otros?

—Eh... nosotros... bueno... no lo sabemos —admitieron.

—No creo que ninguno de nuestros RSC esté tan desconectado de las buenas prácticas de trabajo como para no usar el nombre del cliente durante la llamada.

Pero, ¿cómo saben que eso es incluso perjudicial para el cliente?

—No lo sabemos.

—Si fueran a escoger solo seis de los puntos de su lista para enfocarse en la formación, ¿cómo sabrían cuáles seis incluir?

—Nosotros... no lo sabríamos.

—Sugiero que hasta que no puedan responder a estas preguntas, ni siquiera piensen en desarrollar un nuevo programa de formación. Tienen que asegurarse de que se enfocarán en esas prácticas que verdaderamente influyan en la efectividad.

Sin duda ella es dura, pensó Bill mientras se ponía de pie. *¡Supongo que nos lo dijo!*

Sara y Bill estrecharon la mano de Angie tan amablemente como pudieron bajo dichas circunstancias y después se dirigieron de nuevo a sus respectivas oficinas.

—Te llamaré en unos minutos —susurró Bill mientras se separaban.

☙

*B*ill se sentó en silencio en su escritorio durante unos minutos, intentando borrar el aguijón de su encuentro con Angie. Cuando se había recuperado lo suficiente, marcó la extensión de Sara.

—Fue brutal —fueron sus primeras palabras cuando ella respondió al teléfono.

—Sin duda que lo fue. Me siento como un universitario de primer año al que enviaron a la oficina del decano por explotar el laboratorio de química.

—Si estás intentando animarme con humor, olvídalo. No pueden animarme después de haberme abucheado.

—De acuerdo, esta es otra idea. Cuatro letras: M-I-K-E.

Seis

LA BRECHA ESTÁ EN EL «ES»

—*P*arecen dos niños a los que se les acaba de escapar el perrito de casa —dijo Mike mientras daba la bienvenida a Sara y Bill a su oficina.

—Muchas gracias. La verdad es que creo que los dos nos sentimos así de mal.

—¿Qué ha ocurrido?

—Hicimos exactamente lo que nos sugeriste —explicó Bill—. Entrevistamos a nuestros mejores trabajadores e identificamos doce conductas clave que creemos que les hacen tener éxito.

—Bien. ¿Y después qué?

—Nos reunimos con nuestra jefa y le presentamos nuestros hallazgos.

—Y entonces ¿qué?

—Hicimos un bosquejo de nuestra propuesta para un nuevo programa de formación a fin de enseñar esas conductas al resto de los RSC.

—¿Y cómo respondió ella a eso?

—No muy bien. Nos dijo que a menos que pudiéramos demostrar que las habilidades que faltan en algunos de nuestros RSC verdaderamente están afectando al desempeño, la formación no será viable.

Mike pensó en ello por un momento.

—Creo que estoy viendo el problema. No solo tienen que ir a por los «debería». Tienen que *analizar el «es»*.

—¿Analizar el «es»? Me acabas de perder con esto —admitió Bill.

—A mí también —se unió Sara.

—Por eso estamos aquí, colegas —dijo Mike confiadamente—. Yo voy a acompañarlos en esto, y después depende de ustedes el aplicarlo.

—Nos parece bien —accedieron ambos.

Mike metió la mano en el bolsillo de su camisa, encontró dos tarjetas rojas y entregó una a Sara y otra a Bill. Ambos leyeron:

> Todo lo que hacemos actualmente equivale al «es». ¡La brecha está en el «es»! ¡Analiza el «es»!

Sara y Bill estudiaron las tarjetas en silencio. Mike ni siquiera esperó a que respondieran.

—Ya hemos hablado de cómo deberían ser los «debería» en su centro de llamadas, tanto en términos de «debería» operativos como los «debería» de desempeño. Regresaron e hicieron bien las preguntas correctas, así que ahora creen que tienen una buena idea de lo que sus mejores RSC hacen más, mejor y diferente para lograr los resultados que consiguen, ¿correcto? Bill y Sara asintieron.

—Por el contrario, el «es» es su realidad presente. Es como son las cosas en realidad. Es la verdad que nadie puede negar. Ya saben cuál es su «es» operativo. ¿Tiempo lento de respuesta a las llamadas entrantes? Eso es un «es». ¿Resolución de problemas en la primera llamada menor del que desearíamos? Otro «es». ¿Alto índice de abandono de quienes llaman? Eso también es un «es».

—Entiendo —dijo Bill.

—El siguiente asunto, entonces, es su realidad de desempeño: su «es» de desempeño. Para lograr los «debería» de desempeño, más de sus RSC tienen que alcanzar los estándares de desempeño de sus mejores RSC. Ustedes tienen que decidir cuáles de las conductas mostradas por los mejores RSC rutinariamente son las más importantes de duplicar en el resto de los RSC. Los otros RSC quizá ya estén teniendo éxito en algunas de esas prácticas, así que no necesitarían formación en todas las áreas.

—Ahora sí que lo entiendo —dijo Bill, con una emoción evidente en su voz—. Mientras que la brecha es la diferencia entre el «debería ser» y el «es», puede que no haya brechas en las doce conductas clave. Con lo cual quizá no necesitamos tratar todas las áreas.

—¡Lo has entendido, Bill! Como dice en la tarjeta: «La brecha está en el "es"». Pero no deberías suponer que las doce conductas tengan brechas y necesiten tu atención.

—Nuestra tarea, entonces, es saber exactamente dónde están las brechas —observó Sara.

—¡Sí! —respondió Mike—. Imagino que la objeción de su jefa se centró en el hecho de que no tiene mucho sentido formar a todas las personas en esas áreas en las que realmente no necesitan formación o en las que el entrenamiento no afectaría a los resultados. Al sugerir la formación a su jefa, se estaban apresurando a una solución, y una solución cara. En cambio, tienen que comparar el desempeño «es» con el desempeño «debería ser» para saber dónde están las brechas.

—Parece que tenemos que volver a la oficina y preguntar a nuestros RSC promedio cómo les va con respecto a las doce prácticas —conjeturó Bill.

—Eso es —dijo Mike—. Esa es una parte clave de analizar el «es». Tienen que llegar a cada brecha y descubrir por qué está ahí.

—¿Cómo hacemos eso?

—Para empezar, yo consideraría hacer grupos de enfoque compuestos por sus trabajadores promedio. Entren en sus cabezas y pídanles que les digan qué hacen en su día a día. Pregúntenles cuáles de las conductas ideales mostradas por los mejores trabajadores son fáciles de realizar, así como cuáles son las más difíciles. Pregúntenles si saben cómo les están respondiendo los clientes. Pregúntenles qué podrían hacer ustedes y la compañía para ayudarles a que hagan mejor su trabajo. Todo esto les ayudará a analizar el «es» y por qué existe.

—¿Qué información específica deberíamos buscar? —preguntó Sara.

—No puedo decirles exactamente lo que funcionará en su empresa, pero les daré los principios básicos que han funcionado en la mía.

—Somos todo oídos —dijo Sara—. Obviamente, estamos abiertos a cualquier ayuda que nos puedas dar.

Mike metió la mano en su funda de la computadora.

—Yo soy un hombre gráfico. Me encanta organizar las cosas usando diagramas. A este le llamo el Cerrador de Brechas.

Puso una hoja de papel delante de Bill y le entregó la misma hoja a Sara.

—¡Vamos a empezar! —dijo con mucho entusiasmo.

Siete

EL CERRADOR
DE BRECHAS

*B*ill y Sara miraron fijamente las hojas de papel. Mike no esperó a que ellos hicieran sus preguntas; sencillamente comenzó a explicarlo.

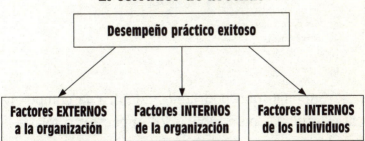

El cerrador de brechas

Desempeño práctico exitoso

Factores EXTERNOS a la organización

Factores INTERNOS de la organización

Factores INTERNOS de los individuos

—Hay tres razones por las que se producen brechas de desempeño. Una no está bajo su control, pero las otras dos sí.

—A ver si lo adivino —irrumpió Sara—. La que no controlamos está en el cuadro de la izquierda: Factores externos a la organización.

—Lo has adivinado. Se debe a que esas son las cosas que nadie en tu empresa tiene la capacidad de cambiar. Esos factores incluyen las condiciones económicas, la competencia actual y la que surge cada día, la demografía, impuestos y la regulación gubernamental.

El cerrador de brechas

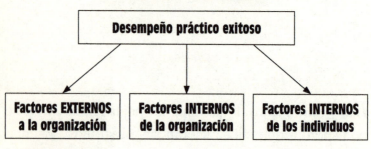

—Supongo que podríamos adquirir la competencia o presionar para reducir los impuestos o relajar la regulación —sugirió Bill.

—Cierto, pero casi siempre es mejor fijarse en las cosas que se pueden controlar de inmediato. Veamos el segundo cuadro: Factores internos de la organización.

Estas son las necesidades del entorno de trabajo. Si recuerdan el dibujo que les hice en la servilleta, las necesidades del entorno de trabajo, junto a las necesidades de potencial, están en el rectángulo más pequeño.

—Por cierto, llevo esa servilleta conmigo desde el día que nos reunimos —comentó Bill mientras la sacaba de su bolsillo.

—Parece que muestra algunas señales de deterioro —bromeó Mike.

—Sí. Probablemente debería haberla plastificado y enmarcado antes de que se desintegre.

Mike continuó tras la risa:

—De acuerdo, ¡regresemos al asunto! ¿Cuáles creen que son algunos de los factores que *pueden* controlar para cerrar las brechas entre el «debería» y el «es» y asegurarse el éxito en el desempeño práctico?

—Podemos asegurarnos de que nuestros empleados entiendan sus papeles y nuestras expectativas —sugirió Sara.

—¡Excelente!

—Podemos dar unas sesiones de *coaching* y darles un refuerzo positivo —añadió Bill.

—Bien. ¿Alguna otra idea?

—No que se me ocurra ahora mismo —admitió Bill.

—Entonces permítanme añadir un par de ellas —dijo Mike—. Pueden asegurarse de que existan procesos y sistemas de trabajo eficaces. Pueden ofrecer incentivos que fomenten un nivel de desempeño más alto. Y pueden asegurarse de que todos los empleados tengan acceso a información, personas, herramientas y ayudas para el trabajo que necesiten para realizar sus tareas.

El cerrador de brechas

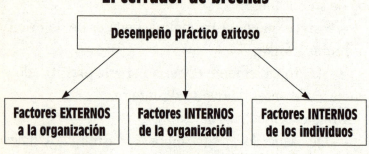

Desempeño práctico exitoso		
Factores EXTERNOS a la organización	**Factores INTERNOS de la organización**	**Factores INTERNOS de los individuos**

Factores fuera del control de la organización.

Ejemplos incluyen las condiciones económicas, la competencia y la regulación gubernamental.

Necesidades del entorno de trabajo

Factores bajo el control de la dirección y la organización.

Categorías:

1. Claridad de papeles y expectativas

2. *Coaching* y refuerzo

3. Incentivos

4. Procesos y sistemas de trabajo

5. Acceso a información, personas, herramientas y ayudas del trabajo

—¡Entendido! —dijo Bill mientras terminaba de escribir su última nota en su gráfico del Cerrador de Brechas.

—Solo una categoría más: Factores internos de los individuos. Estas son las necesidades de potencial —sugirió Mike—. ¿Alguna idea de qué quiero decir con eso?

—Tenemos que contratar a personas buenas —sugirió Sara desde su perspectiva de RH.

—Correcto. ¿Qué más? —preguntó Mike mientras Bill comenzaba a hacer una lista debajo del cuadro de la derecha.

—Imagino que ella se refiere a que los individuos de la organización deben estar cualificados para hacer su trabajo —puntualizó Bill.

—¡Exacto! Deben tener destrezas específicas y el conocimiento adecuado para conseguir un desempeño práctico exitoso.

—¿No es eso una función de la formación? —preguntó Bill.

—En parte —asintió Mike—. Y por supuesto, una gran parte de la destreza y del conocimiento podría ser el resultado de la educación adquirida antes de la contratación: universidad, escuela técnica, cursos por correspondencia, etc. ¿Recuerdas cuando te dije que los supervisores de los campos de golf más cualificados son a menudo graduados de programas de césped?

—Sí, claro que lo recuerdo —respondió Bill.

—Sin embargo, hay algo más. La otra clave importante es que los individuos deben tener algún conjunto de capacidades inherentes. Un individuo que tenga una coordinación mano-ojo limitada, o carezca de velocidad para correr, o pierda el equilibrio, no es muy probable que se convierta en un deportista profesional.

El cerrador de brechas

Desempeño práctico exitoso

Factores EXTERNOS a la organización	Factores INTERNOS de la organización	Factores INTERNOS de los individuos
Factores fuera del control de la organización. Ejemplos incluyen las condiciones económicas, la competencia y la regulación gubernamental.	**Necesidades del entorno de trabajo** Factores bajo el control de la dirección y la organización. Categorías: 1. Claridad de papeles y expectativas 2. *Coaching* y refuerzo 3. Incentivos 4. Procesos y sistemas de trabajo 5. Acceso a información, personas, herramientas y ayudas del trabajo	**Necesidades de potencial** Factores dentro de los individuos que aseguran que son capaces de conseguir el desempeño necesario. Categorías: 1. Destreza y conocimiento 2. Capacidad inherente

©2000 por Partners in Change, Inc.

Bill y Sara tomaron notas bajo el título de «Factores internos de los individuos» mientras Mike continuaba.

—Este es un ejemplo sencillo: Necesito empleados que hablen bien español para atender a mis clientes hispanos. ¡Por eso *yo hablo español*!

El rostro de Bill se animó.

—Sé a lo que te refieres. También ha sido muy útil para mí aprender español. He hecho amigos que de otra forma no habría podido hacer. ¡Un valor añadido es que sé lo que estoy pidiendo cuando como en un restaurante mexicano auténtico!

Mike aún se estaba riendo por el comentario de Bill cuando Sara dijo:

—Obviamente, las capacidades inherentes son las cosas que buscamos en el proceso de entrevistas antes de contratar a una persona.

—Correcto —confirmó Mike.

—Entonces una clave —continuó ella—, es hacer un trabajo más minucioso a la hora de describir las capacidades inherentes que necesitamos. Al ir a por la victoria, tenemos que analizar el «es» de los solicitantes para determinar si existe una brecha que les impida avanzar en el futuro a la categoría del «debería».

—Así es —asintió Mike—, pero recuerden que, en muchos de los casos, las brechas que descubren en sus solicitantes se pueden cerrar. No tienen que rechazarlos necesariamente tan solo porque el «es» de sus destrezas y conductas no sea precisamente lo que ustedes necesitan. Será necesaria una gran cantidad de destreza por su parte para determinar si el solicitante tiene lo que se necesita para progresar del «es» al «debería». Tendrán que analizar su «es» muy minuciosamente.

—¡Vaya! —exclamó Bill mientras continuaba escribiendo—. Hay mucho que considerar. No sé si alguna vez hemos visto todo eso de forma cohesiva.

—No se sientan mal si no ha sido así —dijo Mike con tono animoso—. La mayoría de empresas contratan a buenas personas y después las sueltan para que avancen por mares un tanto hostiles. Yo tardé mucho tiempo en enlazar todas estas ideas y aplicarlas a mi empresa.

Bill estudiaba sus notas.

—Veo algunas cosas que podemos cambiar ahora mismo.

—Frena el carro —le previno Mike—. Parece que de nuevo quieres comenzar a sacar conclusiones.

Una vez más Mike accedió al bolsillo de su chaqueta, sacó dos tarjetas verdes, y se las entregó a Sara y Bill. Esta tarjeta decía:

> ¿Sacar conclusiones?
>
> ¡No te precipites!

Leyeron la tarjeta en silencio, y después se rieron al unísono.

—¡Creo que a partir de ahora vamos a mirar antes de saltar! —prometió Bill.

☻

*B*ill y Sara se fueron de su almuerzo decididos a aplicar la nueva información que habían adquirido de Mike. Ambos tenían algo de tiempo a las 3:30 ese día y acordaron reunirse en la oficina de Bill.

—Coincido con Mike en que los grupos de enfoque son la mejor forma de obtener el «es» y la información de «causa». Los participantes se alimentarán unos a otros y nosotros conseguiremos algunas discusiones importantes de forma más rápida —propuso Sara.

—Tienes razón, pero hace falta dinero, y será más costoso que los almuerzos de dos a uno que tuvimos. Necesitaremos la aprobación de Angie.

—Sigamos entonces con nuestra propuesta.

Bill se opuso.

—Sabes que odio reunirme con ella...

—Bill, tan solo está haciendo su trabajo.

—Sí, también lo hacían los leones en el Coliseo.

—¡Vamos! Ella no es *tan* mala!

☻

A estas alturas, Angie sabía que Sara y Bill llegarían a tiempo para su reunión, así que les saludó en la puerta.

—Me encanta la puntualidad —dijo ella—. Demuestra que se toman en serio lo que están haciendo.

—¡Sí, claro, lo hacemos muy en serio! —comentó Bill mientras miraba a Sara.

—¿Están haciendo algún progreso? —fue la primera pregunta de Angie.

Sí, ¡y no gracias a usted! dijo Bill para sí mismo.

—Sí, creemos que sí —respondió Sara.

—De acuerdo, déjenme verlo.

No entres al trapo, Bill.

Sara fue la única que respondió.

—Creemos que la mejor forma de conocer cuáles son las destrezas y conductas que les faltan a nuestros RSC promedio en comparación con nuestros mejores trabajadores es llevar a cabo una serie de grupos de enfoque con ellos. Como creemos que sabemos qué hacen los mejores RSC para tener éxito, podemos sonsacar algunas ideas que nos permitan enfocarnos en las faltas de desempeño más cruciales de los RSC promedio.

—Grupos de enfoque, ¿eh? —fue lo único que dijo Angie como respuesta.

Bill dejó de lado sus pensamientos privados y se unió a la discusión.

—Como usted destacó, no hay ninguna razón válida para entrenar a todos nuestros empleados en todas las conductas de éxito si esas conductas no son vitales para mejorar el desempeño o si no faltan en todos los empleados.

—Sí, eso es básicamente lo que dije.

—Nos gustaría empezar cuanto antes —añadió Sara.

—¿Tienen alguna idea de cuánto costará este proyecto?

Ya estamos con el asunto del dinero otra vez. Pensaría que no tenemos ningún recurso.

—Calculamos que no costará más de dos mil dólares —respondió Sara calmadamente, sabiendo muy bien lo que sucedía en la frustrada mente de Bill.

—Puedo comprarlo. Adelante.

—Gracias —dijeron Sara y Bill.

Mientras salían por la puerta, Angie ofreció un último pensamiento:

—Será mejor que tengan buenas soluciones al terminar su búsqueda. Todos estamos bajo mucha presión para cambiar las cosas aquí. Se ha producido una ligera erosión en nuestra participación en el mercado, y la empresa no lo va a consentir.

Cuando Angie ya no podía oírles, Bill gruñó:

—Entonces ¿habías escuchado alguna buena amenaza últimamente?

—Oh, sí, ¿escuchaste una sobre los dos empleados que están bajo una gran presión laboral porque la oficina de la empresa no va a consentir ninguna erosión más en su participación en el mercado?

—Sí, escuché esa. No es divertida.

Ocho

PIEZAS PERDIDAS

—Mejor que no metamos la pata en esto —observó
Bill mientras él y Sara sacaban listas de posibles can-
didatos para los grupos de enfoque con los RSC promedio.

—Tienes toda la razón —afirmó Sara.

—Entonces, ¿por qué tengo este extraño presenti-
miento de que hay algo que no hemos considerado,
alguna pieza perdida importante en todo esto?

—Yo tengo la misma sensación —confesó Sara.

—Quizá haya un libro de gestión o de RH sobre
este tema.

—Yo no sé de ninguno. Además, no creo que tengamos tiempo para leer libros. Tenemos que terminar
el trabajo.

—Eso nos deja solo con una alternativa.

—Mike, ¿verdad?

—Correcto.

☺

Mike se ofreció para reunirse con Bill y Sara cuando tuviera un hueco grande en su agenda disponible: dos días después.

—Esto podría tardar un poco en solucionarse —les dijo él cuando le llamaron.

Después de acomodarse en las sillas de su oficina, Mike comenzó con una pregunta incisiva:

—¿Les ha ayudado alguna de mis sugerencias?

Bill se sintió un tanto apenado.

—Yo tengo que confesar que no hemos hecho aún los grupos de enfoque.

—¿Rechazó su jefa la idea?

—La verdad es que aprobó el presupuesto para las reuniones de enfoque, pero francamente, no tenemos claro cómo analizar el «es» nos va a aportar soluciones. Y ella dejó muy claro que quiere más que datos. Espera resultados.

La siguiente pregunta de Mike agarró a Bill y Sara desprevenidos.

—¿Tienen tiempo para hacer una pequeña excursión campestre?

Su pregunta se chocó con un par de expresiones de perplejidad.

—¿Dónde? —preguntó finalmente Sara.

—No se lo puedo decir. En esta ocasión tendrán que confiar en mí.

Se subieron al auto de Mike, que era un gran SUV que parecía estar acostumbrado al campo, y se dirigieron hacia el suburbio de East Valley. Mike revisaba ocasionalmente su *Guía Thomas* para confirmar las varias salidas y giros de camino hacia su destino.

—¡Miren, esto se parece a mi vecindario! —exclamó Bill.

—Lo es.

—¿Qué hacemos aquí?

—Ya lo verás.

Un par de curvas después, Mike introdujo su SUV en el sendero de una casa impresionante.

—¡Vaya, esta es mi casa!

—Sí, lo es. Llamaste a mi equipo de jardinería por un problema que observaste. Pensé que sería bueno acercarnos a echar un vistazo. Mi empresa cuida mucho la calidad del servicio al cliente, ¿recuerdas?

—¿Cómo lo has sabido? Que llamé, quiero decir.

—Intento estar al tanto de todo. No siempre lo consigo, pero al menos lo intento.

Todos salieron del SUV de Mike, y Bill les dirigió a su precioso y caro jardín posterior.

—Cuéntame cuál es tu problema —dijo Mike.

—Mira esas palmeras —dijo Bill mientras dirigía a Mike y Sara hacia un par de palmeras mexicanas.

Bill recordaba que las habían plantado en ese mismo lugar el mismo día. Tenían exactamente la misma edad, la misma altura y la misma forma cuando las trajeron del invernadero de Mike y las plantaron en hoyos recién cavados en la tierra desértica.

No obstante, al mirarlas, era obvio que una había echado raíces mientras que la otra de algún modo no había conseguido agarrar. Una era alta y frondosa de aspecto; la otra parecía enana. La diferencia era abismal.

—¿Qué ocurrió? —preguntó Bill—. ¿Por qué la de la izquierda es mucho más pequeña? ¿Por qué hay una brecha tan grande?

—Buena pregunta —fue la respuesta de Mike—. Para responderla, vamos a tener que llegar a la raíz de la causa.

—¿Quieres decir que tiene que ver con las raíces? —preguntó Bill.

—No he dicho exactamente eso. Quiero dar a entender que podríamos hacer varias consideraciones. Aún no podemos llegar a soluciones.

—Entiendo —dijo Bill—. Pero realmente no lo entendía. Para él todavía era un misterio.

Mike prosiguió:

—¿Cuáles crees que podrían ser las causas?

—Imagino que es posible que una esté recibiendo más agua que la otra, así que tenemos que regarlas equitativamente.

—Podría ser —dijo Mike mientras se encorvaba para revisar el sistema de goteo—. Pero parece que ambos árboles reciben exactamente la misma cantidad de agua, a menos, claro está, que una de las cabezas de goteo esté obstruida.

—Quizá un árbol recibe menos luz solar —sugirió Sara—. Podría ser que al árbol más pequeño de la izquierda le llegue la sombra de la casa durante el apogeo del día. Quizá Bill tenga que sacarla y plantarla en otro lugar.

—Esa también es una posibilidad —asintió Mike.

—Quizá tengamos que ponerle al árbol más pequeño más fertilizante —fue la siguiente idea de Bill.

—Quizá yo les dirigí a ello un poco, pero ¿se dan cuenta de lo que están haciendo ahora? —preguntó Mike.

—No.

—Están buscando soluciones sin buscar la raíz de las causas. ¿Recuerdas cuando te dije que lo que no se ve debajo de los campos de golf es lo que en realidad les hace ser superficies de juego de calidad profesional?

—Sí.

—Los mismos principios se aplican a tu propio jardín. Sí, podría ser el agua o la luz solar. Podrían ser o no consideraciones a tener en cuenta, así que necesitamos buscar las causas haciendo bien las preguntas correctas. Y tenemos que ir a las fuentes correctas para hacer esas preguntas.

—¿Lo cual significa?

—¿Llamarías a la compañía telefónica para solucionar el problema de tus palmeras?

—No.

—¿Y a tu empresa de televisión por cable?

Bill estaba empezando a ver hacia dónde iba todo eso.

—No.

—Buenas respuestas. Llamaste a mi empresa, y por eso estoy aquí para ayudar. Voy a revisar las cosas que están por debajo enterradas, las cosas que no se ven.

—¿Nos podrías explicar qué vas a hacer? —preguntó Sara.

—Claro. Voy a pedir una muestra del suelo. Mi equipo vendrá, hará algunos hoyitos y llevará muestras al laboratorio. Nos aseguraremos de cavar lo suficientemente profundo como para encontrar si hay estratos de piedras debajo del árbol pequeño. Comprobaremos si hay insectos. Averiguaremos el pH del terreno. Probaremos los distintos nutrientes para asegurarnos de que ambos árboles han sido adecuadamente alimentados. En otras palabras, vamos a hacer bien las preguntas correctas, y vamos a ir a la causa, el terreno en el que estos árboles fueron plantados. Nuestra meta es muy sencilla: queremos *acorralar las causas*.

—Siento que debería estar tomando notas ahora mismo —comentó Bill.

—No es necesario. Todo lo que les estoy explicando se puede resumir en esa frase de tres palabras fácil de recordar: «acorralar las causas». Nunca, jamás, se precipiten a sacar conclusiones. Hay que buscar las *causas*. La mayoría de las veces no te miran fijamente a los ojos. Están en algún lugar por debajo de la superficie.

Mike metió la mano en su bolsillo y pescó dos tarjetas azules y se las entregó a Sara y a Bill.

> Acorrala las causas,
>
> o las causas te acorralarán a ti.

—Muy inteligente —respondió Bill—. Ahora veo cómo, en algunos aspectos, las causas nos han acorralado. Nos hemos estado esforzando por resolver nuestros problemas sin cavar bien para encontrar las causas. Sabemos cómo deberían ser nuestros «debería», y vamos a hacer grupos de enfoque para descubrir y analizar el «es», pero aún no hemos acorralado las causas para cerrar nuestras brechas.

—¡Bingo! —gritó prácticamente Mike.

—¡Eso parecía un trabalenguas, Bill! Era como una mala poesía —dijo Sara con una sonrisa traviesa.

—Sí, creo que sonó así —respondió Bill avergonzadamente.

—La cuestión es —dijo Mike—, que creo que ambos lo están entendiendo, al margen de cómo Bill lo haya expresado.

—¿Crees que nuestros RSC promedio pueden ayudarnos a acorralar las causas? —se preguntaba Bill.

—¡Sin lugar a dudas! Si hacen bien las preguntas adecuadas y realmente llegan al fondo de sus mentes, se sorprenderán de lo mucho que aprenderán.

—Siempre he pensado que nuestra tarea era contratar personal cualificado, entrenarles para hacer su trabajo, y después dejarles hacer su trabajo —admitió Sara—. Pero también creo que la gente puede tener un papel continuado a la hora de resolver problemas y mejorar tanto el desempeño individual como el de equipo. A las personas les gusta que les pidan su opinión, les encanta ser parte del proceso.

—Ustedes dos están mostrando un progreso asombroso —se rio Mike—. Hagan las preguntas adecuadas de la forma adecuada a las personas adecuadas, y podrán analizar el «es» y acorralar las causas. Entonces estarán muy cerca de poder cerrar las brechas entre el «debería» y el «es».

Sara estaba contenta con lo que había descubierto en su pequeña excursión.

—Mike, no tengo palabras suficientes para expresarte lo mucho que nos has ayudado.

Cuando regresaron a la oficina de Mike, Sara se bajó del SUV y se giró hacia su compañero de trabajo.

—¡Vamos a cerrar algunas brechas, Bill!

—¡A por ellas!

Nueve

TRUCO, ENFOQUE

Armados con lo que creían que sería la respuesta final, Bill y Sara desarrollaron las preguntas que usarían como guía en los grupos de enfoque. Sus objetivos eran analizar el «es» y acorralar las causas.

—Una cosa antes de reclutar a nuestros grupos. Creo que deberíamos intentar añadir un poco de creatividad y provocar un poco de emoción llamándo- lo algo distinto a grupos de enfoque. Ya sabes, un tema —sugirió Bill.

—Buena idea —asintió Sara—. ¿Alguna idea con respecto a nombres?

—No.

Ambos pensaron unos instantes, y después la cara de Sara se animó.

—¡Ya lo tengo! Lo llamaremos «Equipos Diana» ¡porque vamos a apuntar directamente al centro de la diana, acorralar las causas y cerrar las brechas!

Bill se rio.

—Eso es mucho para mí, pero me gusta la idea. Serán Equipos Diana.

☙

*C*uando se acercaron a los RSC pidiendo su participación, de nuevo se maravillaron por el nivel de entusiasmo. Casi todo aquel a quien preguntaron estuvo dispuesto a participar.

El siguiente martes, Bill y Sara se reunieron con el primer grupo de ocho participantes «promedio» en la pequeña sala de conferencias.

—La razón por la que están aquí es porque creemos que nadie sabe mejor que ustedes acerca del servicio al cliente y cómo mejorarlo —comenzó Bill—. Por eso les hemos pedido participar en nuestros Equipos Diana».

—El tema de nuestros equipos será «Cerrar las brechas» —continuó Sara—. Como les dijimos antes de que se anotaran, esta primera reunión durará cerca de tres horas. Después, cada pocos meses les pediremos que se junten para una reunión más corta a fin de poder recabar cualquier nueva idea y observación que tengan.

—Nuestro propósito general es discutir cualquier reto que puedan tener en el trabajo, además de las ideas que tengan sobre cómo mejorar nuestro nivel de servicio a nuestros clientes.

—El objetivo es darles la oportunidad de ofrecernos sus comentarios en un entorno de equipo —añadió Bill.

—Ah, entonces es un grupo de enfoque —apuntó alguien desde el otro lado de la mesa de conferencias.

Bill sonrió.

—Nos han descubierto. Queríamos añadir un poco de emoción adoptando un tema. Por eso lo llamamos Equipos Diana. Pero, sí, son grupos de enfoque.

Todos se rieron. Entonces otra persona alzó la voz.

—No me importa cómo los llamen, me alegro de que nos den la oportunidad de hablar. Se me ocurren ya varias cosas que me gustaría discutir.

—A mí también —dijo otro participante. Algunos más asintieron o verbalizaron su acuerdo.

Era obvio que Sara y Bill estaban satisfechos con la dirección que estaba tomando la reunión.

Bill volvió a hablar:

—Vamos a tener dos Equipos Diana en cada turno. Como no existe el concepto de un equipo B en Dyad, vamos a designar los grupos de cada turno como Equipo 1 y Equipo A. Pero queremos dejar claro que esto no es una competición. No recibirán recompensa monetaria ni premios valiosos.

La risa de nuevo recorrió todo el grupo.

—También queremos que sepan que en esta reunión no hay ideas tontas —añadió Sara—. Pueden decir lo que quieran, porque aunque seamos técnicamente un grupo de enfoque, les garantizo que no vamos a estar tan enfocados. Todo vale.

—Lo primero que queremos hacer —dijo Bill—, es conocer los «debería»; en otras palabras, cuáles deberían ser nuestros números en términos de tiempo de respuesta, resolución en la primera llamada e índice de abandono. Estos son los números a los que apuntaremos.

Sara escribió los números en una pizarra blanca portátil.

Bill continuó:

—Ahora revisaremos los números actuales. Estas cifras representan cuál es nuestro actual desempeño, según el informe de la semana pasada.

Sara escribió esos números en una segunda columna, después dibujó una línea vertical para separar las dos columnas.

—Las diferencias entre los dos grupos de números son nuestras brechas operativas. El propósito de juntar Equipos Diana es identificar las causas de las brechas, y después descubrir las soluciones para cerrar las brechas.

Bill y Sara abrieron el turno de preguntas y respondieron con franqueza.

Después, distribuyeron copias de la lista de las doce prácticas exitosas que habían creado mediante su tiempo con los trabajadores estrella. Ahondaron mucho para descubrir cómo los RSC estaban trabajando en el mundo real. Hicieron preguntas como «¿Por qué lo hacen así?» y «¿Cómo manejan esto o aquello?».

Sara tomó notas detalladas durante toda la sesión para poder analizar bien el «es» después de la reunión.

No había pasado mucho tiempo cuando la discusión viró hacia las posibles causas de las brechas.

—Yo tengo algunas ideas con respecto a por qué existen las brechas operativas —dijo un joven sin dudarlo—. He estado pensando en esto desde que me pidieron mi participación.

—Adelante —le animó Bill.

—Vale, esto es lo que ocurre. Cuando los clientes llaman a Dyad, simplemente conectan con el RSC que haya disponible. Si el cliente contacta con un RSC más novato, puede que tenga un problema que supere la formación que tiene ese RSC. Entonces el RSC tiene que poner en espera al cliente y averiguar quién puede ayudar mejor al cliente. Si el RSC más experimentado está atendiendo otra llamada, se produce un largo retraso, el cliente abandona la llamada y las estadísticas de resolución a la primera llamada empeoran.

—Interesante —dijo Sara—. Pero ustedes tuvieron un entrenamiento intensivo cuando fueron contratados. El propósito del entrenamiento es eliminar las brechas existentes entre los nuevos contratados y los RSC más experimentados.

—Acaba usted de pronunciar la palabra mágica —respondió el joven—. «Experimentados». Mi papá solía decir: "No hay sustituto para la experiencia". Creo que tenía razón. El entrenamiento puede darte la información, pero la experiencia te ayuda a aplicar la información en distintas situaciones.

—Muy cierto —reconoció Bill mientras escribía *Asignación aleatoria de llamadas* en la pizarra blanca.

Sara recordó la última vez que había marcado a un número de asistencia técnica por un pequeño problema que tenía con su computadora en casa. Cuando llegó al menú, le hicieron marcar varios números para llegar hasta el RSC indicado. Primero presionó el 3 para indicar que se trataba de una computadora de sobremesa y no de una portátil. Después presionó el 5 para describir su modelo concreto. Finalmente, presionó el 2 para entrar en línea para conseguir ayuda sobre problemas de *software* para su computadora. Cuando habló con un RSC menos de dos minutos después, su problema lo resolvió rápidamente un individuo obviamente experimentado que tenía habilidades especializadas para resolver el tipo de problema que ella tenía. Fantástica resolución en la primera llamada, pensó ella en ese entonces.

—Tenemos otro problema parecido —comenzó una joven—. Hay algunas ocasiones en que sabemos que la única solución para el problema del cliente es enviar a un técnico al lugar de la instalación. Mis clientes por lo general quieren saber cuándo puede ser la cita mientras están hablando conmigo. Pero cuando llamo al Departamento Técnico, a veces me ponen en espera durante diez minutos o más. Mis clientes se ven forzados a escuchar nuestra música de elevador hasta que vuelvo a hablar con ellos. La mayoría de las veces, ya han colgado.

—Interesante observación —dijo Bill mientras de nuevo escribía en la pizarra blanca: *Problemas de comunicación entre varios departamentos.*

—Yo tengo una gran queja —dijo un hombre mayor con una mirada un tanto grave—. Llevo aquí casi desde que Dyad comenzó, y ocurre lo mismo con nuestras herramientas. Me refiero a que las computadoras y el *software* que usamos son tan antiguos que no están a la altura de las tareas que tenemos que realizar hoy. Quizá servían hace tres o cuatro años, pero...

Bill le interrumpió:

—¿Tiene alguna idea en cuanto a qué le gustaría que ocurriera?

—Claro. Cualquier niño promedio en casa puede navegar por una cantidad enorme de información en la Internet más rápidamente de lo que nosotros podemos ir de una pantalla de información a otra. Perdemos clientes y aumentamos el tiempo de espera porque tenemos que cambiar de una pantalla a otra, y en el proceso, el nombre del cliente y otra información no nos acompañan mientras estamos haciendo eso. Nuestra propia página web para clientes está mejor organizada que nuestra información interna. Además, es más fácil de usar.

—Entonces está usted diciendo que de algún modo sea más fácil.

—Sí. Eso es lo que quiero decir.

Bill escribió otra nota en la pizarra: *Sistemas de información inadecuados*.

Una persona contratada no hacía mucho confesó:

—Yo tengo que admitir esto, pero no sé qué métrica es la más importante. ¿Nuestro objetivo es resolver problemas en la primera llamada, o es que las llamadas sean cortas para poder atender más llamadas? Sé que se miden todas esas cosas, pero sigo sin saber cuál es la prioridad. Y creo que estas metas de algún modo están enfrentadas.

—Gracias por esa sugerencia —dijo Sara.

Esto suena a trabajo para la Súper Directora, pensó Bill mientras escribía las palabras: *Expectativas poco claras*.

Un joven muy seguro intervino:

—A mí me gustaría saber por qué razón tenemos gerentes de turno. Me disculpo ahora mismo por decir esto delante de ustedes, y si tienen que despedirme, lo entenderé. Pero, ¡vaya rollo! se acercan, se conectan a nuestras mesas, escuchan un rato, se desconectan y se van a la siguiente mesa. Nunca dicen nada. Nunca comentan acerca de cómo lo estamos haciendo, para bien o para mal. Lo único que sabemos es que están escuchando coloquio radiofónico en sus malditos auriculares.

Una risa reprimida recorrió toda la sala, y Bill puso otra nota en la pizarra: *Los gerentes no hacen* coaching *ni comentarios.*

A medida que progresaba la reunión, seguían surgiendo ideas. Bill y Sara estaban muy impresionados por las sugerencias ofrecidas por el Equipo A del turno de día.

—¿Crees que tiene sentido hacer las reuniones con los otros equipos? Creo que hemos aprendido todo lo que necesitábamos saber para arreglar los problemas —sugirió Sara.

Bill objetó a esa idea de inmediato.

—Si confiáramos en lo que hemos escuchado hoy, estaríamos sacando conclusiones de nuevo. Tenemos que reunirnos con los demás equipos para saber si están experimentando los mismos problemas, y cuán graves son realmente esos problemas.

—Creo que tienes razón, Bill —confesó Sara—. Si nadie de los demás equipos menciona estas cosas, quizá sean solo problemas en la mente de una o dos personas. Pero si son temas recurrentes, entonces probablemente hayamos acorralado las causas.

⊙

Al día siguiente se reunió el Equipo 1 en la sala de conferencias. El primer participante en ser voluntario dijo:

—Mi problema es que no hay nada que esté disponible rápidamente que me señale en la dirección correcta. Nunca estoy del todo seguro de qué pantalla sacar para encontrar la respuesta, así que a veces vago por las pantallas hasta que encuentro la correcta. Debe de haber una forma mejor de conectar palabras y frases clave con las pantallas que ofrezcan posibles soluciones.

—Un punto interesante —afirmó Bill—. Después escribió *Mejor interface* en la pizarra.

—Probablemente podríamos usar las pantallas en sí —sugirió otra persona—. Pero hay demasiadas, no existen vínculos claros entre ellas, y tardan mucho en cargarse. En casa puedo cargar páginas de la Internet más rápidamente de lo que tardo en llegar a las páginas que necesito en el trabajo.

¡Punto que vuelve a aparecer! pensó Bill mientras discurría bien qué podía escribir en la pizarra.

Otro RSC sugirió descansos más largos, «para poder refrescarnos y hacer frente a otro largo periodo al teléfono».

Eso nunca funcionará, pensó Sara. Pero Bill escribió *Descansos más largos* en la pantalla, porque, a fin de cuentas, «no existe ninguna idea mala».

Alguien más alzó la voz.

—Yo creo que el problema es que nos contrataron, nos dieron un entrenamiento básico y después nos soltaron. Nadie nos ha hecho un seguimiento después.

—¿Y sus gerentes? —preguntó Sara.

—Imagino que me han ayudado a entender mejor nuestros productos, y creo que los conozco bastante bien. Pero no he recibido ayuda alguna en cuanto a cómo tratar con clientes airados. Eso es lo que realmente necesito. Me frustro con mucha facilidad.

Bill escribió *Cómo tratar con clientes airados* en la pizarra ya casi llena.

Bill y Sara estaban comenzando a observar cierto patrón en las sugerencias. Muchas de ellas tenían que ver con un acceso eficaz a la información adecuada. Otros comentarios apuntaban a la falta de *coaching*, un problema que debían tratar con los gerentes de turno.

Se reunieron con todos los Equipos Diana en una semana, y Bill y Sara decidieron reunirse para revisar y resumir las notas de Sara.

Mientras salían de su última reunión, Sara observó:

—Tenemos personas con mucho talento trabajando aquí.

—Sí, es cierto —asintió Bill—. ¡Y podemos agradecérselo a RH!

☺

Al día siguiente, Bill se sentó en su despacho y estudió el resumen que él y Sara habían realizado. *Algunas de estas sugerencias parecen increíblemente sencillas*, pensó él, *pero otras nos costará mucho tiempo y dinero investigarlas e implementarlas.*

Mientras estudiaba la lista de ideas una y otra vez, surgió dentro de él una especie de pánico. Llamó a Sara.

—Estoy muy confundido, Sara. Hay muchas soluciones, y la mayoría de ellas parecen válidas. ¿Cómo sabemos qué hacer ahora?

—Quizá tengamos que pasar más tiempo con nuestro mentor favorito.

—Tienes razón. Le haré una llamada.

Bill hizo una nota de los pocos huecos libres en la agenda de Sara y no tardó en llamar a la oficina de Mike. Después de la típica contestación de Mike «¿qué puedo hacer para que su vida sea perfecta?», Bill fue directamente al tema de discusión.

—Ya hemos conseguido mucha información valiosa de nuestros Equipos Diana.

—¿Qué son los Equipos Diana?

—Así es como hemos decidido llamar a nuestros grupos de enfoque.

—¡Muy ingenioso! Me alegro de que les haya funcionado! —fue la respuesta de Mike.

—Pero hay un abanico muy grande en las ideas —dijo Bill—. Muchas de ellas son bastante sensatas, pero obviamente no podemos implementarlas todas. Estoy confuso en cuanto a cómo proceder ahora.

—Quizá deberíamos reunirnos para discutirlo —se ofreció Mike.

—¡Yo había pensado exactamente lo mismo!

✺

A la mañana siguiente, Sara y Bill estaban de nuevo cómodamente sentados en la oficina de Mike.

—En base a lo que me contaste por teléfono, parece que sus equipos aportaron bastantes ideas buenas —comenzó a decir Mike.

—Sí, lo hicieron —respondió Bill—. Algunas de las sugerencias son tan simples que casi nos da un poco de vergüenza no haber pensado antes en ello.

—¿Me puedes dar algún ejemplo?

Bill pensó un momento.

—Sí, esta es una. Varios RSC dijeron que se tarda mucho en saber qué pantalla mostrar para acceder a la información correcta. Uno de ellos sugirió una ayuda que sirviera como recordatorio fácilmente disponible. Es muy sencillo, realmente sería solo una pequeña tarjeta impresa o algo parecido.

Mike sonrió.

—En la jardinería llamaríamos a eso «fruto bajo».

—¿Qué?

—Fruto bajo. Ya sabes, el fruto que puedes cosechar, directamente del árbol, a nivel del suelo. No se necesitan escaleras para llegar hasta el fruto. Son las soluciones fáciles que se pueden implementar sin mucho esfuerzo o gasto. Sin embargo, es importante asegurarse de que no existan peligros asociados con la recogida del fruto bajo. Pero si puedes llegar a la conclusión de que no hay un nido de avispas escondido por allí cerca, entonces ve y recógelo.

—¿Tienes un término para las soluciones que son más complicadas, costosas y difíciles? —se preguntaba Sara en voz alta.

—Claro. Ese es el fruto «recogecerezas». Es más difícil de llegar. No se puede acceder a él desde el suelo. Para alcanzar ese fruto se necesita un equipamiento más complejo: un recogedor de cerezas montado sobre un camión. Te tienes que meter en la jaula del recogedor de cerezas y controlar los mandos hidráulicos para elevarte hasta el nivel de los frutos. Eso es algo más complejo y conlleva un mayor grado de compromiso.

—Entonces ¿hacia dónde vamos desde aquí?

—Cuando se trata del fruto del recogedor de cerezas, es absolutamente vital escoger las soluciones correctas entre las muchas que se hayan sugerido. —Mike volvió a hurgar en el bolsillo de su camisa y sacó dos tarjetas moradas—. Esta es mi última tarjeta —dijo mientras entregaba copias a sus invitados—, pero estoy muy orgulloso de ella.

A veces la solución errónea

es peor que no tener solución.

¡Elije las soluciones correctas!

Mike fue directo al asunto.

—Lo que esto significa es que las soluciones que elijan deben estar emparejadas con las causas. Por eso les advertí sobre no sacar conclusiones tempranas. Si no acorralan las causas correctas, no pueden elegir las soluciones apropiadas.

—Eso tiene sentido —comentaron Bill y Sara.

—Este es un ejemplo obvio —continuó Mike—. Bill, tú tenías una palmera en tu jardín que era más pequeña que la otra y no te gustaba su aspecto, ya que rompía la simetría que buscabas. Yo podría haber resuelto tu problema retirando la palmera y reemplazándola por otra de la misma altura. Tú hubieras dicho: «Gracias por solucionarme el problema», y yo estaría feliz. Pero si yo no hubiera acorralado las causas de la disparidad entre los dos árboles originales, podrías volver a tener el mismo problema. El nuevo árbol se podría haber quedado por detrás del árbol original en crecimiento. Incluso podría haber muerto.

—Pero no hiciste eso —observó Bill—. En cambio, enterraste un fertilizante de larga duración o lo que fuera, y me aseguraste que eso sería útil.

—¡Exactamente! Mi equipo acorraló la causa y eligió la solución adecuada. Cuando se haya absorbido del todo el fertilizante, ambos árboles deberían estar muy próximos en altura. Con un poco de supervisión y algunas modificaciones, deberían seguir así.

—Genial, Mike —elogió Bill—. Aprecio lo que has estado haciendo para acorralar las causas del problema de mi árbol, y Sara y yo estamos agradecidos por la sabiduría que nos has impartido. ¡Gracias!

—De nada, es un placer.

Bill tenía algo más que decir:

—Al haber escuchado todo lo que nos has estado enseñando, es obvio que tú modelas todos estos principios. Realmente practicas lo que predicas.

Mike se quedó perplejo.

—No estoy seguro de lo que quieres decir con eso, Bill.

—Yo sí sé a lo que se refiere —intervino Sara—. Se refiere a que haces preguntas abiertas, preguntas que aportan mucho. No te limitas a decirnos qué hacer. Tú mismo haces estas cosas, y nos ayudas a aprender a hacerlas por nosotros mismos.

—Así es —asintió Bill—. Pero más aún, tú haces preguntas de descubrimiento. Cavas hondo. Es como si supieras que hay cosas importantes debajo de la superficie, y estás dispuesto, incluso deseoso, de agarrar la pala y buscar esas cosas.

Mike sonrió y respondió:

—Ni tan siquiera sabía que estuviera haciendo esas cosas. No sé si ese es mi instinto natural o si es el resultado de enseñar a otros sobre las brechas. Pero si mis hábitos les han ayudado, me alegro de saberlo.

Bill y Sara le dieron las gracias de nuevo a Mike, y armados con su consejo, su ánimo y sus nuevas tarjetas moradas se dirigieron de nuevo a la oficina, confiados en que sin duda podrían *elegir las soluciones correctas*.

Diez

DE LA CAUSA A LA SOLUCIÓN

*D*urante los días siguientes, Bill y Sara decidieron recoger todo el fruto bajo que pudieran, pero solo las soluciones que sabían que no serían dañinas. Una de las ideas sencillas que implementaron enseguida fue crear una ayuda, una tarjeta impresa que los RSC pudieran pegar en sus monitores para usar como herramienta de referencia rápida. Otra idea fue programar las funciones clave en el teclado para llevar a cabo atajos especializados. Incluso si esas cosas no arreglaban del todo los problemas, no entrañaban riesgo alguno en términos de tiempo o costo, y con ello demostraban a la vez su sensibilidad a las sugerencias de los RSC.

Después, Bill y Sara centraron su atención en esas causas que eran más difíciles de cerrar. Fueron a por el fruto del recogedor de cerezas.

—Creo que hemos acorralado varias causas, pero tenemos más de las que podemos atender —se lamentó Bill.

—¿Por qué no hacemos un seguimiento con todos nuestros RSC y los entrevistamos? —sugirió Sara.

—Me parece un sinsentido —objetó Bill.

—No del todo. Está claro que no podemos hacer frente a todas las causas, así que tenemos que priorizar. Al hacer la entrevista a todos los RSC, sabremos determinar qué causas tienen la mayor influencia en el desempeño.

—Tardaremos mucho. Tenemos prisa por conseguir resultados, Sara. Tenemos que pasar a la acción, no esperar los resultados de más investigación.

—Lo entiendo, Bill, pero ¿qué tal si te dijera que puedo tener los resultados en cuarenta y ocho horas?

—Eso lo podría aceptar. Pero ¿cómo vas a conseguir eso?

—Se lo enviaremos a todos por correo electrónico. Nos lo devolverán por correo electrónico. El asunto dirá: «RSC: ¡Mejore su vida!».

Bill accedió, y prepararon una entrevista electrónica que contenía preguntas enfocadas acerca de las varias causas de las brechas que habían descubierto en las reuniones de equipo. Distribuyeron el cuestionario a todos los RSC por correo electrónico y les pidieron que lo entregaran relleno en cuarenta y ocho horas.

Casi todos los RSC lo enviaron dentro del plazo de tiempo establecido, así que comenzaron a recopilar los datos, no muy científicamente, pero con cuidado de que en verdad les aportaran algún beneficio.

—No me puedo creer lo que hemos aprendido de esta encuesta —comentó Sara mientras repasaba los hallazgos—. Esto confirma algunos de los descubrimientos clave que hicimos en las reuniones de equipo.

—La causa principal que afecta al éxito del desempeño práctico parece entrar en la categoría de «Factores internos de la organización», que es, por supuesto, la necesidad de tener más y mejor información disponible para los RSC —destacó Bill—. Eso daría como resultado la mejora de las resoluciones en la primera llamada».

—Correcto —asintió Sara—. Y otra clave es asegurarse de que la información tenga un rápido acceso. Un rápido acceso significa llamadas más cortas, reducción del índice de abandono y, por supuesto, un tiempo de respuesta más rápido cuando se trata de las nuevas llamadas entrantes.

—¡Genial! No solo hemos acorralado las causas, sino que también las hemos priorizado. Ahora ¿cómo cosechamos el fruto del recogedor de cerezas sin invertir grandes cantidades de dinero en sistemas? Hablé con una de nuestras mejores personas de desarrollo, y me dijo que rediseñar todo el sistema informático para mejorar el cambio de pantallas costaría al menos un millón y medio de dólares.

—Quizá podamos conseguir lo mismo sin un *software* nuevo —aventuró Sara—. Quizá podamos diseñar una página web interna, importar toda la información de nuestro actual sistema, y conectarlo a un motor de búsqueda. Les pediremos a los RSC que hagan lo que hacen los usuarios en casa cuando entran en la Internet: crear una lista de páginas favoritas en el buscador de la Web para poder configurar sus pantallas de la forma más útil.

—Pero la misma computadora la usan tres o más RSC —le recordó Bill.

—Eso no es problema. Cada uno podría tener su propio nombre de usuario para que apareciera su propia lista de páginas cuando encendiera la computadora.

—Imagino que eso funcionaría —dijo Bill—. Pero imagino también que costaría al menos cientos de miles de dólares crear esa página intranet.

Sara pensó en el problema un instante, después su rostro se alegró.

—He estado chateando con un tipo en mi gimnasio que tiene una pequeña empresa que desarrolla páginas web de tecnología punta y otros programas de manejo de información. Ha estado intentando entrar en nuestra lista de proveedores durante dos años, pero el departamento de IT nunca parece tener un proyecto que encaje en su área de especialización. Quizá si él encajase en este plan, y nos diera un precio competitivo, podría poner su pie en la puerta de nuestra empresa.

Bill se mostraba un tanto escéptico.

—Nuestro personal de IT necesitaría muchas referencias y recomendaciones para permitir que un nuevo proveedor accediera a nuestros sistemas.

—Este tipo tiene muy buenas referencias. Cosas con Fortune 500, y lo mejor es que me comentó la semana pasada que las cosas iban un poco lentas. Incluso se ha visto forzado a realizar despidos. Así que el momento parece ser el más apropiado.

—¿Crees que Angie accedería?

—Solo si conseguimos hacérselo ver como un negocio y demostramos que la inversión ofrecería valor y resultados muy elevados para la división.

—¡Pues manos a la obra entonces!

—Antes de hacerlo, ¿qué te parece comentarle la idea al personal de IT y a nuestros equipos de RSC para ver qué tienen que decir?

☉

*L*a idea fue un éxito con los RSC, el amigo de Sara aprovechó la oportunidad de construir la página, y Angie, de hecho, *aceptó*. El personal del departamento de sistemas de información revisó algunos trabajos que había hecho el contacto de Sara, y rápidamente

dijeron que confiaban en su experiencia. Se produjo
una ligera resistencia en el departamento por parte de
algunos a quienes no les agradaba mucho la idea de
entregar su territorio a un proveedor externo, pero las
consideraciones de la carga de trabajo existente preva-
lecieron y finalmente aceptaron la idea.

Quizá uno de los mayores cambios, no obstante,
estaba en la forma de responder al teléfono. El alto
costo de un nuevo sistema de telecomunicación había
sido un obstáculo por mucho tiempo, pero gracias a la
caída de los precios, ahora era accesible un nuevo sistema. Angie enseguida reconoció las ventajas y autori-
zó los fondos necesarios. En vez de ponerlos en fila a
esperar, quienes llamaban ahora escuchaban una lista
de opciones, después presionaban algún número en
sus teléfonos para acceder al RSC en la mejor posición
para responder a su pregunta concreta. Las llamadas
más sencillas se seguían derivando a los nuevos contratados.

Cambiar el sistema telefónico tuvo otro efecto positivo. Los gerentes de turno ya no tenían que hacerse
cargo de las llamadas difíciles que tenían los RSC sin
experiencia porque las llamadas más difíciles se deri-
vaban a los mejores empleados. Como resultado, los
gerentes podían dedicar más tiempo a hacer *coaching* a
los empleados promedio para convertirlos en estrellas.

Bill también tomó una decisión importante. Deci-
dió priorizar las métricas. Declaró en una circular de

empresa que «son más importantes las resoluciones en la primera llamada», queriendo decir que los RSC ya no tendrían que lidiar con el conflicto entre esa métrica y la necesidad de que las llamadas fueran cortas.

La verdadera belleza de todo el proceso fue que cuando Bill y Sara presentaron varias causas y propusieron las soluciones correctas a Angie, ella se involucró activamente y aportó muchas sugerencias muy valiosas al proceso. Durante las siguientes semanas, Bill y Sara cruzaron los dedos y esperaron y oraron para obtener mejoras en los reportes del lunes por la mañana.

No quedaron decepcionados.

Once

¡BUENAS NOTICIAS!

*B*ill estaba sentado en su despacho un lunes por la mañana y tomó el informe semanal con cierta inquietud. A pesar de todos los esfuerzos de él y de Sara, no tenía ninguna razón real para suponer que ese informe sería distinto a todos los anteriores, y sabía que su tiempo para cerrar las brechas se acababa.

¿Qué es esto? se preguntaba mientras estudiaba los números. Ahí, en blanco y negro, había una razón para tener esperanza. La resolución en la primera llamada había mejorado ocho por ciento con respecto a la semana anterior. ¡Ocho por ciento! El tiempo de respuesta seguía oscilando en su rango habitual, y la mejora mínima en el índice de abandono de llamadas no era motivo de mucha alegría, pero ese número de resolución en la primera llamada prácticamente le

hacía querer subirse a su escritorio y cantar: «¡Somos los campeones!».

—Espero que no sea una casualidad —dijo cuando llamó a Sara para alegrarse por el reporte.

No lo era. La semana siguiente, la resolución en la primera llamada subió doce por ciento.

Una semana después, había una mejora ostensible en el tiempo de respuesta a las llamadas. Bill comenzaba a respirar mejor.

Cuando Bill y Sara llegaron a la oficina de Angie el siguiente lunes por la mañana para lo que pensaban que iba a ser una reunión rutinaria, se encontraron con alegres elogios del comité ejecutivo y los gerentes del turno de día. La sala estaba decorada de manera brillante con globos de muchos colores, serpentinas y señales de felicitaciones.

—¿Qué ocurre? —preguntó Bill, como si no fuera capaz de averiguarlo.

—Bill... Sara... —dijo Angie mientras los recibía y los dirigía hacia su escritorio—. Por primera vez hemos visto mejoría en las tres métricas a las que apuntábamos. Estamos muy orgullosos de ustedes dos, por la iniciativa que mostraron, por su increíble creatividad y por la forma en que trabajaron juntos para que ocurrieran las cosas. ¿Les importaría contarnos a todos cómo lo consiguieron?

—Lo único que hice fue contratar personas estupendas —dijo Sara con una sonrisa—. Y me apegué a

Bill en un viaje interesante. Así pues, Bill, ¿por qué no se lo cuentas tú?

—No hay tanto que contar —dijo Bill, dirigiéndose a los congregados de manera un tanto tímida—. Comenzó cuando Angie me llamó a su oficina, señaló los problemas que necesitaban una solución, y me dijo que teníamos que cerrar esas brechas. Solicité la ayuda de Sara, y comenzamos a buscar respuestas. Finalmente descubrimos lo que significa «ir a por la victoria», al menos para nosotros.

—Primero, vimos nuestro patético desempeño y decidimos que teníamos que ir a por el *«debería»*, lo que realmente queríamos que fuera nuestra realidad.

»A continuación tuvimos que analizar el *«es»*, la diferencia entre lo que debería ser y lo que es en verdad. O lo que era.

»Después aprendimos que teníamos que acorralar las causas. Sabíamos que teníamos que cerrar las brechas, pero también descubrimos que para poder hacer eso, teníamos que cavar para encontrar las causas.

»Finalmente, decidimos que teníamos que elegir las soluciones correctas. Habíamos llegado a soluciones apresuradas en el pasado, y eso no funcionó. Para poder cerrar las brechas, teníamos que cavar con cuidado y profundamente, y seleccionar las soluciones correctas. Estas no siempre fueron obvias, ya que a menudo estaban enterradas muy por debajo de la superficie, junto a las causas».

Una gran sonrisa se dibujó en el rostro de Sara.

—¡Finalmente lo entiendo. ¡BRECHAS!

—Así es, Sara. Incluso me hice mi propia tarjeta que lo refleja.

Bill metió la mano en el bolsillo de su camisa, sacó un par de tarjetitas blancas, y entregó una a Angie y otra a Sara. Decían:

Ir a por el «debería».

Analizar el «es».

Acorralar las causas.

Elegir las soluciones correctas.

—Eso está muy bien, Bill —comentó Angie mientras miraba brevemente la tarjeta—. ¿Cómo llegaste hasta este concepto?

—Angie, tengo que confesar que tuvimos una ayuda externa.

—¿De verdad? ¿Contrataron a un consultor?

—No exactamente. ¿Recuerdas cuando me pediste que fuera a jugar por ti en el torneo de golf de UMOM el otoño pasado?

—Sí.

—Bien, allí estaba este... este jardinero, imagino que así es como se le describiría mejor, en mi cuarteto de juego.

—Un jardinero, ¿eh?

—Bueno, más bien un paisajista. De hecho, su empresa hace el mantenimiento de los jardines aquí en Dyad.

—Ya veo —dijo Angie mientras se sentaba detrás de su escritorio, apretaba el botón del altavoz, y marcaba un número—. «Hola. Soy Mike St. Vincent. ¿Qué puedo hacer para que su vida sea perfecta?», dijo la voz del contestador automático.

—Papá, soy Angie. Mira, solo para decirte una vez más que deberías publicar un libro con esa idea tuya de las BRECHAS. Creo que sería muy útil para muchas personas. Incluso podría ser de utilidad para algunas personas de mi empresa.

Bill y Sara se miraron entre sí con expresiones de perplejidad.

Después oyeron la estruendosa risa de Mike.

—¡Ya veo que has descubierto que me infiltré en tus filas!

—No vi la conexión hasta ahora mismo, papá. Pero estoy muy contenta de haber pedido a Bill Ambers que fuera a jugar al golf contigo en mi lugar el año pasado.

—Tiene un *drive* estupendo, Angie, así que fue muy útil para nuestro cuarteto. También tiene una gran actitud hacia Dyad Technologies. Estoy seguro de que es una buena pieza para tu empresa también.

Bill de hecho se ruborizó al oír esas palabras.

—Lo es —dijo Angie.

Mike continuó:

—He disfrutado mucho de compartir los principios de las BRECHAS con él y con Sara. ¡Forman un gran equipo! Me alegra que haya funcionado.

Angie le dio las gracias a su padre por su papel en los emocionantes cambios que se habían producido, y se despidieron. Bill se quedó sentado en silencio sin dar crédito a ese momento, y después admitió avergonzadamente:

—No tenía ni idea. Ni la más mínima idea.

Angie lo entendió.

—Si hubieras buscado un parecido físico, no existe ninguno. Mamá y papá me adoptaron cuando tenía cuatro años. Mamá murió cuando yo tenía nueve años, y papá me crió solo. Hemos estado muy cerca durante todo este tiempo. Él ha sido mi mentor constante, siempre interesado en desarrollar mi carrera. Yo solía seguirle por nuestro jardín y cavar en el suelo para buscar las «causas» mientras él pacientemente me enseñaba acerca de las BRECHAS. Cuando vi cómo ustedes estaban comenzando a abordar los problemas aquí, sus estrategias me recordaron su filosofía de las BRECHAS.

—Yo me preguntaba por qué Mike estaba dispuesto a pasar tanto tiempo con nosotros, y eso lo explica todo —interrumpió Sara—. Estoy segura de que también hablo por Bill, pero estoy personalmente agradecida con que tu padre invirtiera todas esas horas para ayudarnos. Debía de saber lo que significaría para ti. Sin duda eres muy especial para él.

—Lo sé. Y él es especial para mí —respondió Angie, visiblemente conmovida por los acontecimientos.

Después se dirigió al grupo que se había reunido para celebrar.

—Hemos conseguido una gran victoria. Pero no podemos sentarnos tranquilamente y disfrutar de nuestra victoria. Somos unos trabajadores estupendos, cada uno de nosotros. Tenemos que seguir mirando hacia delante, explorando y avanzando hacia las cosas que nos harán ser mejores. ¡Tengo la certeza de que habrá muchas más victorias en los meses y años sucesivos! ¡Vamos a ir por ellas! ¡Cerremos todas las brechas que salgan a nuestro camino!

EPÍLOGO

*Q*uienes le hemos transmitido esta historia a usted creemos que todas las empresas, sin importar cuál sea el producto o servicio que ofrezcan y a pesar de cuáles sean las condiciones de la economía, pueden cerrar las brechas y conseguir un desempeño ganador, dando por hecho que la empresa tiene un buen modelo empresarial y llena una demanda real y demostrada del cliente.

Puede que a algunas empresas les cueste más que a otras, simplemente debido a la naturaleza del negocio, la intensidad de la competencia o la necesidad de desarrollar continuamente nuevas tecnologías costosas. Las numerosas empresas fracasadas recientemente, tanto las punto com como las operaciones tradicionales de cemento y ladrillo, son claros ejemplos de modelos de empresa que no conectaron. En muchos casos, las necesidades percibidas no existían. En otros casos, las necesidades las suplieron antes los competidores.

Pero hay empresas estelares que consiguen beneficios firmes y crecientes incluso en tiempos económicamente difíciles. Estas empresas entienden que el desempeño humano es clave, se exprese o no mediante saludos afectuosos ofrecidos a clientes por teléfono, se promueva mediante formación, o se consiga mediante cambios en el entorno de trabajo.

En el caso de Dyad Technologies, los números siguieron mejorando, de forma gradual pero constante.

Los Equipos Diana se reunían ocasionalmente según era necesario, y pequeñas mejoras, pero importantes, en los sistemas y procedimientos fueron el resultado directo. Angie, Bill, Sara y todos los demás en el equipo atribuyeron su continuo éxito a la estrategia de las BRECHAS.

Sin embargo, habría momentos difíciles en el futuro. La empresa desarrolló una actualización del *software* que se llenó de errores. El Servicio al Cliente se peleó por ayudar a los clientes desconsolados a arreglar los problemas.

Nuevos problemas demandan soluciones nuevas e imaginativas. Con el continuo apoyo de Angie, Bill, Sara y otros en el equipo adoptaron una nueva mirada a la fórmula de las BRECHAS:

Ir a por el «debería».

Analizar el «es».

Acorralar las causas.

Elegir las soluciones correctas.

Dyad Technologies adoptó valientemente los cambios que edificarían individuos más fuertes y mejor desempeño de equipo. Angie, Bill y Sara se aliaron para emplear la estrategia de las BRECHAS a fin de asegurarse el éxito del desempeño práctico de cada miembro del equipo.

Continuamente identificaron, definieron y alinearon sucintamente las necesidades de su empresa: necesidades de trabajo, necesidades de desempeño y entorno de trabajo, y necesidades de potencial.

Se enfocaron en contratar personas cuyas habilidades estuvieran a la altura de las necesidades de la empresa. Buscaron personas que aprendieran rápidamente y fueran capaces de realizar varias tareas.

Se aseguraron de que los papeles y las expectativas se entendieran claramente, que los miembros del equipo recibieran un buen *coaching* y fueran reafirmados constantemente, y que los incentivos ofrecidos fueran verdaderamente motivadores.

Hicieron todo lo posible para asegurarse de que los sistemas y procesos de trabajo fueran rápidos y que la gente tuviera acceso libre a la información, herramientas, ayudas de trabajo y otras personas.

Monitorearon los factores sobre los que tenían control y los modificaron según iba siendo necesario, pero solo después de haber acorralado las verdaderas causas y haber seleccionado las soluciones correctas.

En pocas palabras, Angie, Bill y Sara fueron a por la victoria cerrando las brechas, ¡y tuvieron éxito!

ACERCA DE LOS AUTORES

KEN BLANCHARD

Pocas personas han tenido un impacto tan duradero y positivo en la gestión cotidiana de las personas y las compañías como Ken Blanchard. Él es el coautor de varios libros muy exitosos, entre los que se incluyen *El mánager al minuto*, el *best seller* de fama internacional, *Raving Fans* y *¡A la carga!*, los *best sellers* sobre negocios. Sus libros tienen ventas combinadas de más de veinte millones de ejemplares en cuarenta y dos idiomas. Ken, con su esposa, Margie, es el confundador de The Ken Blanchard Companies, una compañía mundial de desarrollo de recursos humanos. Es también el cofundador de Lead Like Jesus, una organización sin fines de lucro que está dedicada a inspirar y capacitar a las personas a ser líderes siervos en el mercado. Ken y Margie viven en San Diego y trabajan con su hijo Scott, su esposa, Madeleine, y su hija Debbie.

Servicios disponibles

THE KEN BLANCHARD COMPANIES® se han comprometido a ayudar a los líderes y organizaciones a que lleven su desempeño a un nivel superior. Los conceptos y creencias que se presentan en este libro son solo algunas de las maneras en que Ken, su compañía y Blanchard International —una red global de clase mundial de consultores, instructores y entrenadores—, han ayudado a las organizaciones a mejorar la productividad en el lugar de trabajo, la satisfacción de los empleados y la lealtad de sus clientes alrededor del mundo.

Si desea información adicional sobre cómo aplicar estos conceptos y enfoques en su empresa, o información sobre otros servicios, programas y productos ofrecidos por Blanchard International, póngase en contacto con nosotros en:

Sitio Web: www.kenblanchard.com

Blanchard España
E-mail: info@blanchardspain.es
Teléfono: +34.917.938.120

Blanchard Argentina, Colombia,
Panamá y Venezuela
E-mail: info@blanchardinternacional.com
Teléfono: +57.312.516.08.37

The Ken Blanchard Companies
Sede central
E-mail: international@kenblanchard.com
Teléfono: +1.760.489.5005
Dirección: 125 State Place Escondido
California 92029 EUA

DANA GAINES ROBINSON y **JIM ROBINSON** son la fundadora, la presidente y el director de la junta, respectivamente, de Partners in Change, Inc., una empresa de consultoría constituida en 1981, con sede en Pittsburgh, Pensilvania. Los Robinson dirigieron esta firma durante casi treinta años, asociándose con cientos de clientes organizacionales en todo el mundo. Su objetivo específico era respaldar los recursos humanos (RH) y el desarrollo de talentos (DT) para que funcionaran de manera más estratégica, y con un mayor impacto en el negocio. Los Robinson han sido coautores de siete libros, entre los que se incluyen tres ediciones de *Performance Consulting*, considerado un clásico en el campo de los recursos humanos y el desarrollo de talento. Colectivamente, sus libros han sido traducidos a dieciocho idiomas. Los Robinson han recibido numerosos premios, incluyendo el premio Thomas Gilbert por el logro profesional distinguido y el premio de ATD por la contribución distinguida.

En 2008 los Robinson cerraron Partners in Change y Jim Robinson se jubiló. Poco después se mudaron a Raleigh, Carolina del Norte, y Dana inició una asociación con la organización Handshaw, con sede en

Charlotte. Dana está asociada con esta empresa para diseñar y ofrecer servicios de consultoría de rendimiento a múltiples clientes organizacionales.

Servicios disponibles

La organización Handshaw ofrece los siguientes servicios de consultoría de rendimiento:

- Instalación de consultoría de rendimiento empresarial y capacidad de asociación estratégica para personas que trabajen en RH y DT.

- Servicios de evaluación de rendimiento para identificar los requisitos de rendimiento, las brechas en el desempeño, y las causas de estas deficiencias, incluyendo la toma de decisiones sobre las soluciones necesarias para abordar las causas identificadas.

- Presentaciones en conferencias y otros eventos.

Para obtener más información acerca de los servicios que ofrecen Dana Robinson y la organización Handshaw, visite su sitio web en www.handshaw.com o póngase en contacto con Dana en Dana.robinson@handshaw.com.